Renate Kauffmann

Nur keine Panik

R. BROCKHAUS

Um gewisse Personen nicht in unnötige
Schwierigkeiten zu bringen, mußte ich auch in diesem
Buch manchmal Namen und Orte so verändern,
daß Ähnlichkeiten rein zufällig sind.

RB*taschenbuch Bd. 853*

2. Taschenbuchauflage 1996

© 1994 R. Brockhaus Verlag Wuppertal
Umschlag: Dietmar Reichert, Dormagen
Gesamtherstellung: Breklumer Druckerei Manfred Siegel KG
ISBN 3-417-20853-X
Bestell-Nr. 220 853

Dieses Buch ist gedruckt auf 100 % Recyclingpapier

INHALT

Für
Ursula Doll,
Rainer und Karin,
Birgitta und Bastian,
Raquel, Phil und Gail

Der Rückweg

Es war kalt geworden, als ich mich auf den Rückweg machte. Der Winter kündigte sich an, und ich rechnete mir aus, daß ich wenigstens zwei Tage brauchen würde, um die nächste Straße zu erreichen. Während ich durch die Wälder trottete, achtete ich auf jeden Schritt, denn dichter Nebel ließ mich nicht weit vorausschauen. Der See, in dem ich immer mein Mittagessen geangelt hatte, lag bereits ein beachtliches Stück hinter mir. Das machte mir Sorgen, denn so dichter Nebel konnte auf ein weiteres Sumpfgebiet hinweisen, wenn sich in der Nähe nicht noch ein See befand.

»Lieber Gott, mach, daß ich mich nicht verlaufen habe. Mir kommt das alles so komisch vor«, sagte ich laut.

Ich blieb stehen und schaute mir noch mal die Karte an. Es war eine topographische Karte. Sie gab das Gelände so exakt wie keine andere Karte wieder. Ich legte meinen Kompaß darauf und sah, daß ich die Richtung, die ich einschlagen wollte, nicht eingehalten hatte. Nun, das war nicht weiter schlimm, obwohl mir etwas mulmig dabei war. »Dieser Nebel«, dachte ich. »Er wird immer dichter.«

Sich nur nach der Karte zu richten, ohne genug zu sehen, war viel zu gefährlich. Deshalb zog ich es vor, genau dort, wo ich stand, ein Lager für die Nacht aufzuschlagen. Ich hatte einfach Angst davor, ins Moor zu geraten und zu versinken.

Während ich Holz für das Lagerfeuer sammelte, stieg ein beklommenes Gefühl in mir auf, denn ich hörte nicht eine Vogelstimme. Es war, als ob der Nebel alles in einen tiefen Schlaf gelegt hätte. Eine Erfahrung mit der Natur, die ich noch nie gemacht hatte. Sie verunsicherte mich.

Es dauerte lange, bis ich das feuchte Holz richtig zum Brennen gebracht hatte. Ich war erleichtert, als ich es knakken und knistern hörte. Ich fror. Als das Feuer schön loderte, kroch ich gleich in meinen Schlafsack. Etwas anderes, als bis zum nächsten Tag im Schlafsack auszuharren, konnte ich sowieso nicht tun.

Meine Gedanken schweiften zu den Leuten von »Jugend mit einer Mission«. »Da hätte ich jetzt ein warmes Bett«, ging es mir durch den Kopf.

Irgendwann schlief ich ein. In der Nacht wachte ich ein paar Mal auf und legte Holz nach. Am nächsten Morgen hatte sich der Nebel vollständig aufgelöst. Die Sonne wollte es dem Norden Lapplands wohl noch einmal so richtig zeigen. Ich atmete auf. Da ich keine Zeit verplempern wollte, packte ich schnell alles zusammen. Ich machte mir noch nicht einmal Kaffee, denn ich wollte so schnell wie möglich aus dem Wald herauskommen.

Den ganzen Tag ging ich zügig vorwärts, ruhte nur hin und wieder ein paar Minuten aus, bis ich endlich am späten Nachmittag den See erreichte, den ich auf der Karte gesehen hatte.

Ich warf gleich meine selbstgebastelte Angel aus, denn außer Kaffee war vom Proviant nichts mehr übriggeblieben. Aber leider hatte ich kein Glück. Das Wasser war am Ufer viel zu flach, und die Fische kamen nicht so nah heran. Ich suchte eine tiefere Stelle, doch das war zwecklos. Der Wind stand ebenfalls ungünstig; er trieb den Korken, der als Schwimmer diente, immer wieder zurück. Mir blieb also nichts anderes übrig, als mir den Bauch mit Kaffee zu füllen.

Am nächsten Tag war ich richtig hungrig und dachte: »Wenn ich Glück habe, erreiche ich heute abend schon die Straße und kann morgen trampen.«

· Ich hatte Glück. Alles verlief nach Plan, und der erste Autofahrer hielt sofort an. Das ist mir in Schweden ganz besonders aufgefallen: Wenn man irgendwo in einer einsamen Gegend trampen wollte, hielt immer gleich das erste Auto an. Auch Frauen fuhren nicht vorbei, denn jeder wußte, daß das nächste Auto höchstwahrscheinlich erst in ein paar Stunden kommen würde.

Der Fahrer schaute mich etwas verdutzt an und fragte sich wohl, was ich in dieser Einöde verloren hatte. Er sprach Englisch, aber wir unterhielten uns kaum, denn die Wärme im Auto machte mich so müde, daß ich hin und wieder einnickte. Einige Stunden später erreichten wir Jokkmokk, ein kleines Städtchen, und er sagte: »Ich würde Sie gern zum Essen einladen.«

»Lassen Sie sich ja nicht davon abhalten, denn ich sterbe gleich vor Hunger«, sagte ich.

Er lächelte und sagte: »Na, dann kommen Sie.«

Wir gingen in ein Restaurant, und als man uns die Karte reichte, sagte ich: »Bitte, suchen Sie etwas für mich aus, ich kann die Karte nicht lesen. Bis jetzt habe ich nur ein paar Brocken Schwedisch aufgeschnappt.«

»Fisch oder Fleisch?« fragte er.

»Fleisch, bitte, Fisch hatte ich die letzte Zeit genug.«

Es war herrlich! Wir aßen, wir unterhielten uns, es war warm, wir fühlten uns wohl.

»Was haben Sie denn so ganz allein im hohen Norden gemacht?«

»Mich mit der Bibel beschäftigt«, sagte ich.

»Wie bitte?«

»Sie haben schon richtig verstanden«, sagte ich, und dann erzählte ich ihm von Restenäs, Gott und Jesus.

Der Mann wurde mit der Zeit immer stiller, bis ich fragte: »Was ist denn los?«

»Naja, ich weiß selbst nicht genau. Irgendwie bin ich berührt, denn Sie haben soviel Freude an Ihrem Glauben.«

»Hä?« machte ich. »Was soll ich denn sonst daran haben? Was ist denn Gott sonst, wenn nicht Freude?«

Er schaute mich an und fragte: »Sie waren wohl noch nicht oft in der Kirche?«

»Nein, in Restenäs hielten sie ihre Gottesdienste in großen Zelten ab. Es ist ja auch nicht wichtig, wo man so etwas macht, oder? Besuchen Sie den Laden doch mal. Jedes Wochenende kommen Besucher und gucken mal rein. Ich jedenfalls habe da ganz nette Leute kennengelernt, und obwohl das Ding ›Jugend mit einer Mission‹ heißt, ist auch das ›Mittelalter‹ gut vertreten, sprich: Vierzig- bis Sechzigjährige. Sie sind also nicht zu alt.«

Er lächelte mich an und fragte: »Ja, kann man denn da so einfach reinschauen?«

»Soweit ich das mitbekommen habe, ja. Nur wenn Sie dort übernachten wollen, müßten Sie sich wahrscheinlich anmelden.«

»Wissen Sie, vielleicht tue ich das tatsächlich. So, wollen wir weiter?«

Ich nickte. Er ließ die Rechnung kommen, und ich bedankte mich dafür, daß er mich vor dem Hungertod gerettet hatte.

Er lächelte und sagte: »Keine Ursache.«

Sein Ziel war Skeleftea, doch als wir durch einen Ort namens Moskosel fuhren, bat ich: »Bitte, halten Sie doch mal an.«

Er hielt an, und ich überlegte. Irgendwie kam mir der Name bekannt vor, bis mir die Worte wieder einfielen, die Birgitta mir damals gesagt hatte, bevor sie Restenäs verließ:

»Und wenn du mal durch einen Ort namens Moskosel kommst, dann geh zu meinem Vater und bestelle ihm schöne Grüße von mir.«

»Nun, ich nehme dich beim Wort«, dachte ich spontan und sagte: »Hier steige ich aus, denn hier wohnt jemand, den ich grüßen möchte.«

»Wenn Sie wollen«, sagte er.

Ich bedankte mich noch mal für alles, und er sagte: »*Ich* muß mich bedanken.«

»Wie das denn?« fragte ich.

Er lächelte und sagte: »Das ist schwer zu erklären. Ich wünsche Ihnen aber alles Gute und noch viel, viel Freude mit Ihrem Glauben.«

»Danke«, sagte ich und zog meinen Rucksack aus dem Auto.

Moskosel war ein wirklich winziges Dorf. Höchstens ein paar hundert Seelen wohnten dort. Den einzigen Lebensmittelladen, über dem Birgittas Vater wohnen sollte, fand ich auf Anhieb. Ich ging um das Haus herum, bis ich die Haustür fand, konnte aber keine Klingel entdecken. So drückte ich einfach die Klinke herunter und ging die Treppe hoch. Plötzlich befand ich mich in einer Küche. Dort stand ein Mann mit dem Rücken zu mir. Er war gerade dabei, einen Teig zu kneten.

»Guten Abend«, sagte ich leise und auf englisch. Der Mann hörte mich nicht. Wie angewurzelt blieb ich stehen und wußte nicht, was ich tun sollte. Auf einmal drehte er sich um und starrte mich überrascht an. Dann lächelte er und sagte auf schwedisch: »Guten Tag. Ich bin Göte.«

»Und ich heiße Renate«, sagte ich.

»Hä?« machte er.

Er war offenbar etwas schwerhörig, und so sprach ich ein wenig lauter. Ich sagte, daß ich kein Schwedisch könne, und erklärte ihm auf englisch, daß ich seine Tochter in Restenäs kennengelernt hätte und ihn nur von ihr grüßen wollte.

Wie sich der Mann darüber freute! Er bat mich gleich ins Wohnzimmer, wo ich auf dem Sofa Platz nehmen sollte. Mir war das peinlich, denn meine Klamotten waren ganz schön dreckig. Als ich Göte darauf aufmerksam machte, schüttelte er nur lachend den Kopf und bestand darauf, daß ich mich endlich setzte. Nun, was blieb mir übrig?

Er sagte mir, daß er mal kurz telefonieren müsse, und ging in den Flur.

Ein paar Minuten später kam er zurück und servierte mir Kaffee und Kuchen.

Wenn ich etwas hasse, dann ist es Kuchen. Ich kann das Zeug nicht leiden, und mit einem ziemlich gequälten Gesichtsausdruck bedankte ich mich. Er forderte mich auf, zu essen, und ich glaube, es war das erste Mal in meinem Leben, daß ich aus Höflichkeit ein Stück Kuchen herunterwürgte.

Göte setzte sich zu mir und gab mir zu verstehen, daß er erst vor kurzer Zeit angefangen habe, Englisch zu lernen. Er zeigte mir die Lehrbücher, die er sich dafür gekauft hatte.

In dem Moment kam eine junge Frau ins Wohnzimmer und begrüßte mich freundlich. Sie sagte mir, daß Göte sie angerufen und sie gebeten habe, zu dolmetschen. Also erzählte ich alles noch einmal und wollte mich dann bald verabschieden. Aber Göte meinte, daß es schon viel zu spät sei und ich wenigstens die Nacht über dableiben solle. Ich überlegte nicht lange, denn der Verlockung, eine Nacht in einem warmen Bett zu verbringen, konnte ich einfach nicht widerstehen.

Aus der einen Nacht wurden zehn Tage. Göte und ich verstanden uns einfach prima. Er ging morgens ins Moor, um Torf zu stechen, während ich mich noch mal genüßlich auf die andere Seite drehte. Es war einfach herrlich: Aufstehen, frühstücken, ab in die Badewanne, spazierengehen und Kurzgeschichten schreiben. Wenn Göte von der Arbeit nach Hause kam, hatte ich für uns beide schon etwas gekocht. Aber Göte war nicht gerade begeistert von meiner Kochkunst und brachte mir deshalb ein paar schwedische Gerichte bei.

Schon am ersten Tag wollte er mich in der Gegend herumfahren und mir sämtliche Sehenswürdigkeiten zeigen, denn er befürchtete wohl, daß ich mich langweilte. Gott sei Dank konnte ich ihm klarmachen, daß mein Bedarf an neuen Dingen zur Zeit wirklich gedeckt war und ich nichts sehnlicher wünschte als ein ganz normales, alltägliches Leben.

Eines Morgens klingelte das Telefon. Ich hob ab und sagte: »Kauffmann bei Hällström.«

»Das gibt es doch nicht!« sagte eine Stimme am anderen Ende. – »Birgitta?« fragte ich.

»Renate! Ich glaub es nicht! Du hast es tatsächlich geschafft! Wie geht es dir?«

»Gut, gut! Dein Vater ist nicht da. Er arbeitet.«

Birgitta lachte vor Freude auf und sagte: »Ich hoffe, du hältst das Haus in Ordnung.«

»Gebe mir die größte Mühe.«

»Du, bestelle meinem Vater schöne Grüße. Ich bin wieder in Amsterdam, komme ihn in vier Wochen besuchen. Kannst du ihm das ausrichten?«

»Ja, natürlich.«

»Ich hoffe, daß wir uns auch bald wiedersehen.«

»Irgendwann bestimmt«, sagte ich.

Es machte »klick«. Das Kleingeld war aufgebraucht.

Restenäs

Nach zehn Tagen wurde es wirklich Zeit, sich von Göte zu verabschieden. Er brachte mich noch mit seinem Auto zu einer gut befahrenen Straße, und dann hieß es Abschied nehmen.

Mitten in der Nacht erreichte ich Stockholm. Mein Gott, war mir kalt. Ich überlegte, ob ich es bei dieser Kälte wagen sollte, mich irgendwo schlafenzulegen, oder ob ich weitertrampen sollte. Es wurde nämlich endlich Zeit, Geld zu verdienen, denn ich hatte so gut wie nichts mehr in der Tasche. Eigentlich fragte ich mich nur, ob ich in Stockholm, Malmö oder Göteborg arbeiten sollte. Als dann aber ein Lkw anhielt und der Fahrer mich fragte, ob ich nur dasitze oder mitgenommen werden wollte, stieg ich einfach ein.

»Wo fahren Sie denn hin?« fragte ich.

»Nach Göteborg.«

»Gut, dann nach Göteborg«, sagte ich.

War ich müde. Kaum hatte ich mir vorgenommen, nicht einzuschlafen, war es schon passiert. Ist das nicht komisch? Wenn ich unbedingt wachbleiben will, ruft allein der Gedanke eine unüberwindbare Müdigkeit bei mir hervor. Zum ersten Mal ist mir das aufgefallen, als ich mal in einer Klinik einen Schlafentzug machen sollte, den alle Epileptiker machen müssen, damit man eine sichere Diagnose stellen kann. Damals war ich schon um elf Uhr todmüde, obwohl ich zu dieser Zeit normalerweise noch putzmunter bin. Der Gedanke, daß ich die ganze Nacht kein Auge zumachen durfte, strengte mich so an, daß ich bereits um Mitternacht eingeschlafen war.

Erst beim vierten Versuch klappte es, und ich glaube, daß ich nur deshalb wachbleiben konnte, weil ein Arzt mir gesagt hatte, daß es nicht schlimm wäre, wenn ich auch beim vierten Versuch wieder einschlief. Ein anderer Arzt hatte mir vorher nach jedem mißlungenen Versuch Vorwürfe gemacht und gesagt, daß ich mich nicht genug angestrengt hätte, um wachzubleiben. Ich hatte mich viel zu viel angestrengt, was sein Nachfolger wohl gleich durchblickte.

Im Unterbewußtsein bekam ich nur noch mit, daß der Fahrer mich weckte und sagte, ich solle mich hinten in die Koje legen. Als ich wieder erwachte, war es bereits Vormittag. Ich lag unter einer Decke, Kaffeeduft stieg mir in die Nase.

»Na, ausgeschlafen?« fragte er.

»Du meine Güte!« sagte ich nur. Ich kroch nach vorne auf den Beifahrersitz, und der Mann reichte mir eine Thermoskanne und einen Becher.

»Danke«, sagte ich und schenkte mir ein.

Gerade wollte ich fragen, wo wir eigentlich seien, da traf mich beinahe der Schlag. Keine zweihundert Meter von uns entfernt konnte man Restenäs sehen. Ich konnte kaum glauben, was ich sah, und sagte: »Wollten Sie nicht nach Göteborg?«

»Ja, aber ich muß auch in Ljungskile Ware abliefern.«

Ich trank meinen Kaffee aus und überlegte: »Wenn ich schon mal hier bin, kann ich auch reinschauen, oder?« Ich trank meinen Kaffee aus und sagte: »Vielen Dank. Ich steige hier aus. Habe es mir anders überlegt.«

»Das nenne ich Freiheit«, sagte der Fahrer lächelnd.

Als ich das Gelände von »Jugend mit einer Mission« erreichte, lief mir jemand entgegen. Es war Lillemor. »Du bist zurückgekommen!« sagte sie. »Du bist tatsächlich zurückgekommen! Darf ich dich diesmal umarmen?«

»Wenn es unbedingt sein muß«, sagte ich, und schon hatte ich sie am Hals.

»Du kannst bei uns im Zimmer schlafen. Carina und ich teilen uns jetzt eins. Wir beide haben uns nach der Bibelschule für zwei Jahre verpflichtet. Komm! Ich bringe dich gleich hin.«

Lillemor strahlte und sagte: »Ich wußte, daß du zurückkommst! Ich wußte es!«

»Ich wußte es nicht«, dachte ich nur.

Carina saß am Schreibtisch und schrieb einen Brief, als

wir ins Zimmer kamen. Mit großen Augen schaute sie mich an und sagte: »Du bist zurückgekommen!«

»Du meine Güte!« dachte ich. »Die tun ja gerade so, als ob ich von den Toten auferstanden wäre.«

Ich schaute sie an und sagte: »Ich bin es nur, Renate. Nicht Jesus Christus.«

Die beiden lachten. Carina kam auf mich zu, und noch bevor sie fragen konnte, sagte ich: »Wenn es unbedingt sein muß.« Nun hatte ich auch sie am Hals.

Wir setzten uns auf die Betten, und Lillemor sagte: »Es hat sich viel verändert, seit du weggegangen bist. Carita, Ulla, Anna, ja die meisten sind nach der Bibelschule wieder nach Hause gegangen. Acht Leute haben sich verpflichtet. Carina arbeitet jetzt in der Bäckerei, und ich bin für die Vorschule verantwortlich. Wir haben nämlich eine Menge Kinder hier.«

Die Zeit verging, und als Lillemor mich aufforderte zu erzählen, was in der Zwischenzeit alles passiert war, sagte ich: »Kann ich erst mal duschen? Wir können uns ja heute abend noch unterhalten.«

Carina und Lillemor nickten, und ich ging ins Nebenhaus, um die Duschen aufzusuchen. Als ich die Duschräume betrat, ertappte ich ein junges, pubertierendes Pärchen, das gerade dabei war auszuprobieren, wie weit ihre Zungen in den Hals des anderen reichten. Sie waren so emsig damit beschäftigt, daß ich mich im ersten Augenblick nicht traute, mich bemerkbar zu machen, denn ich befürchtete, daß sie vor Schreck die Zunge des anderen verschlucken würden. Also wartete ich einen günstigen Augenblick ab und sagte dann: »Entschuldigen Sie bitte. Ist das hier eine Dusche oder eine Single-Bar?«

Erschrocken öffneten die beiden die Augen und liefen puterrot an.

»Also doch eine Dusche«, bemerkte ich grinsend.

»Entschuldigung«, stammelten die beiden verschämt und traten nervös auf der Stelle.

»Ist noch was?« fragte ich.

Es dauerte eine Weile, bevor sie ihre gelähmten Füße ein wenig bewegen konnten und aus dem Duschraum schlichen.

»Macht euch keine Sorgen. Ich habe nichts gesehen.«

»Danke«, sagten beide wie aus der Pistole geschossen und konnten plötzlich richtig rennen.

Nach dem Duschen ging ich zurück ins Zimmer. Lillemor und Carina waren gerade dabei, eine Matratze für mich anzuschleppen. Kaum hatte Lillemor sie bezogen, lag ich schon drauf und machte es mir gemütlich. Die beiden setzten sich zu mir und schauten mich erwartungsvoll an.

»Was wollt ihr hören?«

»Alles! Was ist in den letzten Wochen passiert? Wo warst du? Wo kommst du jetzt her?«

»Passiert ist nicht gerade wenig. War in Lappland und habe ein bißchen in der Bibel herumgestöbert.«

»Und?« fragten sie mit großen Augen.

»Nicht übel, das Buch. Lesenswert, sehr lesenswert!« sagte ich.

Carina und Lillemor lachten und zwinkerten sich gegenseitig zu. Ich freute mich mit ihnen, obwohl ich keine Ahnung hatte, was diese Kumpanei zu bedeuten hatte.

»Wie lange bleibst du diesmal?« fragte Lillemor.

»Nun, ich denke, daß ich morgen gehe, denn ich muß mir einen Job suchen. Habe nämlich kaum noch Geld.«

»Nur einen Tag?« fragte Carina enttäuscht.

»Ja, denn ich möchte nach Göteborg. Dort findet sich schon was.«

»Aber du kannst doch auch hier arbeiten«, meinte Carina.

»Schon, aber hier verdiene ich nichts.«

Die beiden schauten mich mit bittenden Dackelaugen an, und ich sagte: »Das ist Erpressung!«

Einmütig nickten sie mir zu, aber mit dem gleichen Blick und der gleichen Beharrlichkeit.

Ich stöhnte und sagte: »Aber höchstens drei Tage!«

Wieder lachten sie, und ich fühlte mich irgendwie überrumpelt.

Inzwischen war es Mittag geworden, und ich sollte mit

ihnen essen. Ich hatte gar keinen Hunger, ging aber der Gesellschaft wegen mit. Kaum waren wir im Speisesaal, da kam eine junge Frau auf mich zu und wollte mich gleich umarmen. Vor Schreck wich ich zwei Schritte zurück, was sie mir offensichtlich sehr übel nahm, denn sie verließ sofort heulend den Raum. Carina schaute mich an und sagte: »Aber ihr kennt euch doch!«

»Nur vom Sehen«, sagte ich. »Es tut mir leid. Ich wollte sie nicht kränken. Aber ich kam mir plötzlich so überfallen vor. Ich mag es nicht, wenn mich jemand mit seiner Nähe so überrumpelt und mir seine Form der Sympathie aufdrücken will. Das erschreckt mich.«

»Hm«, machte Lillemor.

Ich wußte nicht, wie ich dieses »Hm« interpretieren sollte, und fragte unsicher: »Ist denn ein Händedruck weniger wert? Ich meine, habe ich denn kein Recht auf Distanz?«

Carina sagte: »Du bist ein Mensch, der erst Distanz braucht, um jemandem näherkommen zu können, nicht wahr?«

Ich nickte und sagte: »Viele Leute meinen, daß sie die Nähe, die sie zu anderen empfinden, auch körperlich ausdrücken müssen. Aber dabei merken sie nicht, daß der andere sich dabei regelrecht vergewaltigt vorkommt, wenn er einfach mit dieser Form überfallen wird.«

»Aber das Verrückte an der ganzen Sache ist, daß die Umarmungskünstler sich für besonders gefühlsbetont halten und die, die lieber erst Distanz bewahren, als gefühlsarm bezeichnen. Ich kann dich ganz gut verstehen, Renate«, sagte Carina.

Lillemor schien etwas betroffen zu sein, und ich fragte: »Was hast du?«

»Na ja, ich hätte das wahrscheinlich auch mißverstanden und geglaubt, daß du mich nicht magst.«

Ich stöhnte: »Wenn ich ehrlich bin, dann geht mir die ganze Angrabbelei ganz schön auf den Keks.«

Plötzlich lachten die beiden, und Lillemor sagte: »Du bist wirklich herzerfrischend.«

»Was hältst du davon, wenn du das Eva so erklärst, wie du es uns gerade erklärt hast? Sie wird das verstehen und dann nicht mehr glauben, daß du sie ablehnst. Weißt du, sie nimmt sich das alles so zu Herzen und ist jetzt bestimmt todunglücklich«, sagte Carina.

»Na ja, kann ich ja machen. Wo ist sie denn jetzt?«

»Erste Etage, zweite Tür rechts. Wir warten mit dem Essen auf euch«, sagte Lillemor.

Ich klopfte an die Tür, aber niemand antwortete. Nach ein paar Augenblicken drückte ich die Klinke herunter und sah Eva weinend auf dem Bett sitzen.

»Es tut mir leid, Eva. Weißt du, ich habe gar nichts gegen dich. Das bildest du dir nur ein«, sagte ich eine Weile später.

»Das glaube ich nicht. Du warst richtig erschrocken, als ich dich umarmen wollte.«

Ich stöhnte und sagte: »Na ja, das stimmt schon. Aber das eine hat mit dem anderen gar nichts zu tun. Weißt du, wenn Fremde mich einfach so mir nichts dir nichts umarmen, dann erinnert mich das immer an die Bruderküsse, die man sich in den kommunistischen Ländern gibt und bei denen die Geküßten nicht wissen, ob sie schon morgen ein Messer von dem selben im Rücken haben. Natürlich weiß ich, daß du nur nett sein wolltest, aber ich lasse mich deshalb trotzdem nicht vergewaltigen. Ich kann dir nur sagen, daß ich nichts gegen dich habe.«

»Du magst mich also?«

»Nun, das weiß ich nicht, denn ich kenne dich ja gar nicht.«

Eva lächelte mich an und sagte: »Du bist vielleicht eine.«

»Kommst du jetzt mit runter? Die anderen warten schon.«

»Ja, gerne.«

Der Tag verging schnell. Als wir abends im Bett lagen, war ich ziemlich geschafft und wollte nur noch schlafen. »Gute Nacht«, sagte ich.

»Hey! Du kannst doch jetzt nicht einfach einschlafen.

Wir wollen doch hören, was du in Lappland gemacht hast. Du sagtest zwar, daß du dich mit der Bibel beschäftigt hast, aber wir würden gern noch mehr wissen«, sagte Lillemor.

»Morgen, ja?« stöhnte ich.

»Och, es ist doch noch gar nicht so spät«, sagte Carina.

»Ich bin müde, und außerdem gibt es gar nicht viel zu erzählen. Aber eines kann ich euch ja noch verraten: Obwohl mich Gott noch nie umarmt hat, weiß ich trotzdem, daß er mich mag«, sagte ich.

Ich sah in zwei grinsende Gesichter und schlief ein.

Aus den drei Tagen, die ich bleiben wollte, wurden beinahe drei Wochen. Ich faulenzte, half mal hier aus, mal da und unterhielt mich mit vielen Leuten über Gott und die Bibel.

Eines Abends, ich saß mit Lillemor und Carina im Zimmer, sagte Lillemor: »Eigentlich könntest du dich doch bekehren, oder? Ich meine, du glaubst doch an Jesus, willst ihm nachfolgen, nicht wahr?«

»Hä?« machte ich verdattert. Ich hatte niemandem von meinem persönlichen Gespräch erzählt, das ich mit Gott in Lappland gehabt hatte. Lillemor und Carina wußten eigentlich nur, daß ich glaubte, was in der Bibel stand. Damals ahnte ich noch nicht, daß man das, was ich in Lappland getan hatte, im allgemeinen Bekehrung nennt.

Ich schaute Lillemor an und fragte: »Ja, wie bekehrt man sich denn?«

»Indem du Gott im Namen Jesu um Vergebung bittest und sagst, daß du versuchen möchtest, ihm nachzufolgen.«

»Will ich ja«, sagte ich.

»Dann können wir ja zusammen beten«, sagte sie glücklich.

»Nö! Das will ich nun gerade nicht.«

»Aber das ist wichtig.«

»Warum?«

»Nun, es hilft dir und uns. Wir wären dann sehr beruhigt, und du hättest es mal in Anwesenheit anderer laut gesagt.«

»Nein«, sagte ich.

»Aber warum nicht? Was hindert oder stört dich daran?«

»Ich finde so etwas blöd. Zuviel Getue!«

»Das ist kein Getue, sondern der erste Schritt, sich zu Gott zu bekennen. Denn es ist gar nicht so einfach, das in Gegenwart anderer zu sagen.«

Ich stand auf und sagte: »Ich muß mal allein sein. Wird nicht lange dauern.«

Es schneite, als ich nach draußen ging. Ich atmete tief ein und überlegte. Der Gedanke, mit den beiden zu beten, war mir entsetzlich peinlich. Irgendwie war mir das sogar zuwider, aber ich fand keinen Grund für diese Gefühle. Ich verstand die Welt nicht mehr, denn Angst und Scham hatten mich plötzlich total überwältigt. Ein leichtes Zittern ging durch meinen Körper, und ich spürte, daß es vor allen Dingen die Angst war, die mich in Schach hielt.

Merkwürdig war das schon, denn ich schämte mich meines Glaubens ja nicht. Die Hemmungen konnte ich noch einordnen und fand sie normal. Aber die Angst konnte ich nicht erklären, so sehr ich mich auch anstrengte.

Nach einer Weile dachte ich: »Schluß mit der Grübelei! Du hast Angst. Na und! Es gibt trotzdem keinen vernünftigen Grund, es nicht zu tun, aber vielleicht tausend, es zu tun. Du brichst dir keinen ab, wenn du mit den beiden betest. Vielleicht ist es sogar gut.«

Ich ging wieder ins Haus und sagte: »Von mir aus kann es jetzt losgehen.«

Wir beteten zusammen, und ich kann nur sagen, daß mir erst viel später bewußt wurde, wie wichtig das für mich war.

Als wir fertig waren, sagte ich: »So, damit wäre der offizielle Teil nun auch erledigt.«

Carina und Lillemor lachten.

Die nächsten Tage gaben sie mir noch ein wenig »Unterricht«, erzählten mir, worauf ich achten sollte, wenn ich eine Gemeinde suchen wollte, und erklärten mir die Unterschiede zwischen den einzelnen Glaubensgemeinschaften. So lernte ich, verschiedene Gruppen, wie zum Beispiel die Baptisten, Pfingstler, Katholiken, Lutheraner usw. besser zu unterscheiden und einzuordnen. Für den Anfang war das schon hilfreich.

In Restenäs waren so ziemlich alle christlichen Gemeinschaften vertreten, aber es gab keinen Religionseifer. Was einzig und allein zählte, war der Wille, Jesus nachzufolgen. Über unterschiedliche Glaubensansichten, die so oder so in der Nachfolge nichts bewirken konnten, tauschte man sich höchstens mal aus, aber gestritten wurde nicht.

Eines Tages wurde in einer Gesprächsgruppe die Geschichte von Jona durchgenommen, die ich da zum ersten Mal hörte. Als die Geschichte zu Ende war, mußte ich mich kringeln vor Lachen, denn ich stellte mir einen kleinen Mann im Bauch eines Walfisches vor, der vor Langeweile die Rippen des Fisches zählte. Nachdem ich mich wieder beruhigt hatte, sagte ich, daß ich das einfach nicht glauben konnte. Einige aus der Gruppe waren meiner Meinung, aber andere glaubten es so, wie es beschrieben wurde. Allerdings war das überhaupt nicht wichtig. Was zählte und worüber wir letztendlich diskutierten, war die Botschaft, war das, was uns die Geschichte sagen wollte.

Lillemor und ich wurden Freunde. Der Abschied kam immer näher, und als sie mich auf der Straße nach Göteborg absetzte, fragte sie: »Willst du nicht doch hierbleiben?«

»Hier ist es schön«, sagte ich. »Aber ich habe trotzdem nicht das Gefühl, daß ich bleiben sollte.«

»Schreibst du mir?«

Ich nickte.

»Und kommst du wieder?«

»Ja«, sagte ich. »Ich komme wieder.«

London

Es war Mitte Januar und eisig kalt, als ich aus dem U-Bahn-Schacht von Westminster ins Freie trat. Big Ben stand in seiner ganzen Größe vor mir, und wieder einmal war ich tief beeindruckt von den neugotischen Houses of Parliament. Die Westminster-Brücke, dieses Prachtstück im viktorianischen Stil, ist nur eine von achtzehn Brücken, unter denen sich die Themse durchschlängelt. Westminster ist eines der sehenswertesten Viertel Londons, aber auch eines der ärmsten.

Ich ging die Millbank Road entlang, vorbei an den Houses of Parliament, und bog in die Peter Street ab. Zehn Minuten später stand ich vor dem Hotel, in dem ich fast jedes Jahr vier bis fünf Monate wohnte. Ich klingelte, und kurz danach hörte ich die polternden Schritte des »Leutnants«, der mir öffnete. Der Leutnant war ungefähr Mitte sechzig und hatte eine entfernte Ähnlichkeit mit Winston Churchill. Er wohnte schon seit Ende des Zweiten Weltkriegs hier und legte großen Wert darauf, daß man ihn mit seinem militärischen Rang ansprach, denn er glaubte sich immer noch im Krieg. Es war absolut zwecklos, ihn mit der Wirklichkeit zu konfrontieren, und wer ihn kannte, versuchte es auch gar nicht.

Vor dem Krieg war das Hotel ein Wohnheim gewesen, und der Leutnant hatte dort gelebt. Nach dem Krieg kehrte er dahin zurück. Der damalige Besitzer hatte Mitleid mit ihm und überließ ihm für kleine Gefälligkeiten, wie Botengänge oder Einkäufe, ein Zimmer. Seit dieser Zeit wurde der Leutnant von allen nachfolgenden Besitzern oder Pächtern mit »übernommen«. Er gehörte einfach dazu und war aus dem Hotel nicht mehr wegzudenken.

Als wir uns das erste Mal begegneten, war er felsenfest davon überzeugt, ich sei eine deutsche Spionin. Es dauerte Wochen, bis ich ihn davon überzeugen konnte, daß ich übergelaufen war und nun im Dienste der britischen Königin für England spionierte. Seit dieser Zeit vertraute er mir, und wenn ich England wieder verließ, wünschte er mir immer viel Glück und meinte, daß er und ich den Krieg sicherlich überstehen würden.

Als er mir jetzt öffnete und mich sah, bemühte er sich sichtlich, seine Freude zu verbergen, und sagte nur: »Good evening, Mrs. Kauffmann. How are you?«

»Danke, Leutnant. Und Ihnen?«

»Es war ruhig. Keine Angriffe die letzten Monate. Und? Was haben Sie herausgefunden? Irgendwelche Neuigkeiten, die unserem Land von Nutzen sein könnten?«

Ich antwortete zuerst einmal nicht, sondern ging schnurstracks in die Gemeinschaftsküche, um mir etwas zu essen zu machen. Der Leutnant polterte hinter mir her und war gespannt wie ein Flitzebogen.

»Wo ist Liz?« fragte ich. Liz war die Frau des Inhabers und meine Freundin.

»Beim Frisör. Müßte bald zurück sein. Nun? Was können Sie mir berichten?« fragte er ungeduldig.

Ich überlegte einen Moment und sagte:

»Deutschland steht kurz vor der Kapitulation. Ich glaube nicht, daß der Krieg noch lange dauern wird.«

»So?! Und woher haben Sie diese Erkenntnis?« fragte er skeptisch.

Ich zog die Augenbrauen hoch, denn manchmal hätte ich dem Spiel gern ein Ende bereitet. Es gab Zeiten, da tat mir der Leutnant unendlich leid; dann wieder fragte ich mich, ob er wirklich so sehr unter seinem Wahn litt, wie ich dachte. Ich war seinetwegen sogar mal bei einem Neurologen gewesen, um mir erklären zu lassen, wie man sich ihm gegenüber am besten verhielt. Der Arzt sagte mir, daß es bei diesen Geisteskrankheiten nicht nur zwecklos, sondern auch brutal wäre, wenn man den Patienten ihren Wahn »ausreden« wollte. Erstens ginge das nicht, und zweitens litten die Kranken mehr unter jenen Mitmenschen, die ihnen immer wieder die Realität vor Augen hielten, die nicht ihre sei und mit der sie auch nichts anfangen könnten.

Das überzeugte mich. Ich nahm weiterhin an Leutnants Welt teil und wurde dadurch ein Teil von ihr.

»Ach, Leutnant«, sagte ich. »Seit etwa einem halben Jahr habe ich ganz andere Sorgen. Ich habe nämlich Gott und die Bibel kennengelernt. Das ist eine ziemlich aufregende Sache, verstehen Sie?«

»Nein«, sagte er verdutzt.

»Nun ja, in der Bibel stehen Wahrheiten, die ich gerne leben möchte.«

Der Leutnant schaute mich plötzlich auf eine Weise an, die deutlich erkennen ließ, daß er sich um meinen Geisteszustand große Sorgen machte. Aber einen Augenblick später fing er lauthals an zu lachen. Hin und wieder japste er nach Luft, nur um sich einem erneuten Lachanfall hingeben zu können. Noch nie hatte ich den Leutnant so lachen gesehen, und dabei machte er eine derartig komische Figur, daß ich mitlachen mußte.

Nach ein paar Minuten hatte er sich wieder gefangen und sagte: »Ich glaub es nicht! Entweder haben unsere Feinde Sie gefoltert, daß Sie wahnsinnig geworden sind, oder Sie haben Ihren Verstand einfach so verloren.«

Ich lächelte und sagte: »Ich wurde weder gefoltert, noch habe ich meinen Verstand verloren.«

Abermals fing er an zu lachen und prustete: »Nein, das darf nicht wahr sein! Ich sehe Sie jetzt schon in einem Kloster, die Pfeife schmauchend und dabei das Vaterunser betend.«

»Ha, ha, ha!« machte ich nur.

Ich fing an, mein Essen zu kochen, während sich der Leutnant vor Lachen in sämtliche Richtungen bog. Dabei hielt er sich seinen dicken Bauch und wischte sich ab und zu die Tränen aus dem Gesicht.

Nach einer Weile sagte er: »Stellen Sie sich doch nur mal vor, das würde die Presse erfahren! Ich sehe die Schlagzeile jetzt schon vor mir: Agentin bereut ihren Verrat am Vaterland und fristet den Rest ihres Lebens im Kloster.«

»In Sack und Asche«, ergänzte ich noch, was dem Leutnant die letzte Fassung nahm.

»Das halt ich nicht mehr aus«, sagte er lachend. »Schlafen Sie erst mal eine Nacht. Morgen sieht die Welt dann wieder ganz anders aus. Mit Ihrer Erlaubnis ziehe ich mich jetzt zurück, sonst lache ich mich noch tot.«

»Einen schönen Abend noch«, antwortete ich kopfschüttelnd.

Ich setzte mich an den Tisch und fing an zu essen. Auf einmal stand Mike, der Sohn meiner Freundin, in der Küche.

»Hallo, Mike! Gut siehst du aus!« rief ich und schloß ihn in die Arme.

Mike war zehn Jahre alt und hatte es nicht leicht. Seine Eltern verstanden sich nicht mehr, und er litt sehr darunter.

»Wie lange bleibst du diesmal?« fragte er aufgeregt.

»Vier, fünf Monate.«

»Juchhu! Dann spielen wir wieder zusammen, ja?«

Ich nickte.

»Darf ich wieder bei dir schlafen?«

»Wenn deine Mutter nichts dagegen hat, ja.«

»Dann kommst du auch nicht zu spät zur Arbeit, denn ich wecke dich jeden Tag pünktlich.«

Ich lächelte.

»Hast du wieder deine Rollschuhe mit?«

»Ja.«

Mike quiekte vor Vergnügen. Er fand es immer zum Schreien, wenn ich die Dinger unter meinen Füßen hatte. Wenn ich verschlafen hatte, preschte ich damit zur Arbeit. Man konnte auf diese Weise wirklich eine Menge Zeit wettmachen.

»Hast du schon einen Job?«

»Nein. Ich bin doch gerade erst angekommen.«

»Ich suche einen fürs Wochenende.«

»Warum denn das?«

»Ich will mir einen Computer kaufen.«

»Meinetwegen, aber zum Spielen bleibt dann nicht mehr viel Zeit.«

»Warum?«

»Weil ich nur am Wochenende für dich Zeit habe.«

Mike maulte, doch ich zuckte nur mit den Achseln.

»Gut, dann warte ich eben solange, bis du wieder weg bist.«

»Womit wirst du warten?« hörte ich Liz, Mikes Mutter, sagen.

Ich drehte mich um und sah sie in der Tür stehen. Sie kam auf mich zu und drückte mich. »Herzlich willkommen! Hat der Leutnant dir schon ein Zimmer gegeben?«

»Nein, ich bin gerade erst angekommen.«

Liz setzte sich zu uns und fragte Mike: »Na, womit willst du noch warten.«

»Mit dem Computer«, sagte er.

»Oje! Dieser Computer raubt mir noch den Verstand. Aber heute wird nicht mehr darüber geredet. Los, Renate. Erzähle! Was hast du das letzte Jahr gemacht?«

Ich fing an zu erzählen. Berichtete von »Jugend mit einer Mission«, von Gott und Jesus und daß ich versuchen wollte, mit Gott zu leben. Nach einer Weile bemerkte ich, daß die beiden mich ganz verwundert anschauten.

»Was ist denn los?« fragte ich.

»Ja, hast du das denn nicht gewußt? Wir beide glauben auch an Jesus«, sagte Liz.

Mir verschlug es im ersten Moment die Sprache. Ich schluckte und war regelrecht entsetzt. Liz schickte Mike auf sein Zimmer, um seine Hausaufgaben zu machen, was ihm gar nicht schmeckte. Als er draußen war, fragte ich:

»Aber warum hast du mir denn nie von ihm erzählt?«

»Was hätte ich dir denn erzählen sollen?«

»Na, du bist gut! Daß Jesus Gottes Sohn ist, daß er für unsere Sünden gestorben ist, daß wir in ihm Vergebung haben und durch den Glauben an ihn gerettet sind. Das hättest du mir erzählen sollen!« erklärte ich vorwurfsvoll.

Liz schaute mich entsetzt an, und ich sagte: »Guck nicht so blöd! Es ist doch wirklich wahr. Man könnte ja beinahe glauben, daß du das Himmelreich für dich alleine haben wolltest.«

24

»Aber woher sollte ich denn wissen, daß gerade diese Religion dich anspricht?« fragte sie.

»Wie bitte?!«

»Du weißt doch, daß mein Mann Inder ist. Er ist ein Sikh, und die Sikhs haben auch eine Religion, haben ihren Gott, verstehst du?«

»Nee. Willst du damit sagen, daß es mehrere Götter gibt?«

»Nein, nein. Natürlich gibt es nur einen Gott. Es gibt aber verschiedene Religionen, die alle zu demselben Gott führen. Jesus spielt nur im Christentum eine Rolle. Im Buddhismus ist es Buddha, und so hat jede Religion ihren Erlöser. Deine Freundin Sheun glaubt sicher an Buddha, so wie es viele Chinesen tun. Frag sie mal, wenn ihr euch wieder trefft.«

»Nein, sie glaubt nicht daran. Sie glaubt auch nicht an Gott.«

»Wie auch immer. Ich wollte dir eigentlich nur klarmachen, daß nicht nur das Christentum wahr ist. Es gibt viele Wege, die zu Gott führen.«

»Willst du damit sagen, daß jede Religion wahr ist?«

»Ja, genau das wollte ich sagen.«

Dieses Ja ließ mich innerlich zusammenzucken. War es wirklich möglich, daß ein Mensch an Jesus als seinen Erlöser glauben und daneben auch Buddha und Mohammed als Erlöser der Welt akzeptieren konnte? Es sah fast so aus. Aber wenn Liz recht hatte, dann wäre Jesus ja ein Lügner, denn er hat doch etliche Male gesagt: »Ich bin der Weg, die Wahrheit und das Leben.« Ich konnte mich nicht daran erinnern, daß er mal gesagt hätte: »Aber Buddha und Mohammed sind auch noch da.« Trotzdem fiel mir nichts ein, was ich Liz antworten sollte.

Ich wußte viel zu wenig über die anderen Religionen. Hätte ich zum Beispiel damals gewußt, daß das Schlitzohr Mohammed etliche Kapitel der Bibel verfälscht, auf sich gemünzt und sich selbst zum letzten, entscheidenden Propheten Gottes gemacht hat, wäre das Gespräch sicherlich anders verlaufen. Ich hatte eben nur meinen Glauben und kein Wissen.

Ich überlegte hin und her und meinte dann: »Wenn das wirklich wahr ist, was du da gerade gesagt hast, dann müßten doch alle Religionen den gleichen Charakter haben, nicht wahr?«

»Wieso?«

»Nun ja. Wenn es nur einen Gott gibt, dann hat er sicherlich auch nur einen Charakter. Wenn es aber mehrere Religionen gibt, die jede einen ganz anderen Erlöser verehren – wie können diese verschiedenen Erlöser dann alle von Gott dazu berufen sein, die Welt zu retten? Das hätte nach meiner Meinung nichts mit Vielfalt oder verschiedenen Wegen zu tun. Für mich würde das schlicht und einfach bedeuten, daß Gott schizophren wäre. Aber das kann natürlich nicht sein. Nein, Gott hat nur einen Sohn, und nur der kann unsere Welt retten. Nur er hat sich für die Welt geopfert, und das nicht nur für Europa oder die USA.«

»Und was glaubst du, was mit den Menschen passiert, die nicht an Jesus glauben?«

»Woher soll ich das wissen?«

»Glaubst du, daß nur die in den Himmel kommen, die an Jesus glauben?«

»Nee, glaube ich nicht. Aber das soll nicht heißen, daß deshalb jede Religion wahr ist. Wer in den Himmel kommt, hat Gott zu bestimmen. Er ist gerecht, und außerdem hat jeder Mensch ein Gewissen, das ihn schon auf den richtigen Weg bringt, wenn er es nicht total ignoriert. Kritisch wird es nur, wenn ich die Wahrheit kenne und trotzdem der Lüge folgen will. Solange ich einer Lüge nur aufsitze, ohne sie als Lüge zu erkennen, bin ich nicht verdammt, denn ich gehe ja nur in die Irre. Aber wehe, ich kenne die Wahrheit und will sie nicht. Dann, denke ich, sähe es gar nicht gut für mich aus. Ich wäre jedenfalls verloren, wenn ich die Vergebung, die mir Gott angeboten hat, mein Leben lang von mir wiese.«

»Hm«, machte Liz. »Darüber muß ich mal in Ruhe nachdenken.«

Durch das Gespräch wurde mir klar, daß der Glaube an Gott sehr unterschiedlich interpretiert werden kann. Liz hatte gar keine persönliche Beziehung zu Gott, obwohl sie in die Kirche ging. Ich spürte, daß eine Religion haben und an Gott glauben zwei verschiedene Paar Schuhe sein können. Jetzt wurde mir auch klar, warum Liz mir früher nichts von Jesus erzählt hatte, und ich war überhaupt nicht mehr sauer darüber. Für Liz war Jesus mehr die Verkörperung von Moral, Anstand und ethischen Grundsätzen, die man meiner Meinung nach aber auch ohne Gott haben und befolgen kann. Ihr Glaube an Gott war mehr eine Tradition, die gepflegt werden mußte, damit man ein »anständiger« Mensch wurde.

Aber wie konnte ich ihr das erklären?

Liz war meine Freundin, und ich hatte sie natürlich lieb. Wenn man jemanden mag, dann möchte man doch, daß er oder sie auch eine persönliche Beziehung zu Gott bekommt und erkennt, was Gnade ist. Ich merkte aber schnell, daß man solche Dinge nicht übers Knie brechen kann. Schließlich habe ich selbst auch etliche Jahre gebraucht, bis ich zu Gott ja sagen konnte. Außerdem war ich der Meinung, daß ich mich – was den Glauben anging – erst einmal um mich selbst kümmern sollte. Der Glaube war für mich noch so neu, und ich stand noch auf ziemlich wackeligen Beinen. Ich fühlte mich einfach überfordert bei dem Gedanken, anderen den Weg zu Gott zeigen zu »müssen«.

Es war schon spät, als ich auf mein Zimmer ging.

Mike lag bereits im Bett, schlief aber noch nicht.

»Was, du bist noch wach? Du wirst morgen in der Schule müde sein.«

»Morgen ist doch Samstag. Da haben wir keine Schule.«

»Ach ja! Habe ich ganz vergessen.«

Als ich im Bett lag, fragte Mike: »Kann ich zu dir kommen?«

»Na, komm schon, du Kuschelbär.«

Mit einem Satz sprang er aus dem Bett und kroch unter meine Decke.

»Spuck's aus! Du hast doch was«, sagte ich.

»Du kennst doch John?«

»Natürlich, ihr spielt doch immer zusammen Fußball.«

»Jetzt nicht mehr, denn er will nicht mehr mein Freund sein.«

»Und warum?«

»Er hat gesagt, ich wäre ein Bastard, und mit einem Bastard will er nichts zu tun haben.«

»Hm«, machte ich nur.

»Er sagte, daß ich eigentlich gar nicht in eine katholische Schule gehen dürfte, weil ich ein Inder bin und ein Inder gar nicht katholisch sein kann.«

»Nun, da hat er unrecht. Selbstverständlich darf ein Inder, wie jeder andere Mensch auch, glauben, was er will. Aber du bist kein Inder. Du bist Engländer. Du bist hier geboren, hast einen britischen Paß, und Englisch ist deine Muttersprache.«

»Aber jeder sieht, daß ich kein Engländer bin.«

»Jeder sieht, daß ein Elternteil von dir kein Europäer ist. Aber deshalb bleibst du trotzdem ein Engländer. Außerdem ist es ganz egal, welcher Rasse ein Mensch angehört.«

»Ist es nicht, denn John will nicht mehr mein Freund sein, weil ich ein Bastard bin.«

»Mike, ich will das Wort Bastard nicht mehr hören! Es wird immer Leute geben, die sich nur an Äußerlichkeiten stören und deshalb die Menschen verachten, die nicht so sind wie sie. Damit mußt du leben! Halte dich an die Leute, die dich mögen, wie du bist, denn nur das sind deine wahren Freunde.«

»Aber ich hatte John so gern!« erwiderte er und fing an zu weinen.

»Kind«, sagte ich nur und drückte ihn fest an mich. Was soll man einem Jungen sagen, der schon so früh mit dem Rassismus konfrontiert wird?

Als er sich ausgeweint hatte, fragte ich: »Was macht eigentlich Manchester United?«

Nun war Mike nicht mehr zu bändigen, es sprudelte nur so aus ihm heraus. Fußball war sein ein und alles. Als ich ihm dann noch versprach, ihm eine Karte zu spendieren, bevor ich wieder nach Hause fuhr, hatte ich den glücklichsten Jungen der Welt neben mir liegen.

»So, jetzt mach, daß du wieder in dein Bett kommst. Es wird Zeit, schlafenzugehen.«

»Kann ich nicht bei dir bleiben?«

»Nein, wenn ich schlafe, brauche ich eine Menge Platz. Außerdem schlage ich im Schlaf zehnjährige Jungen, falls dich das interessiert.«

»Bin schon weg«, sagte er kichernd und hüpfte in sein Bett.

Das Wochenende verging schnell. Wir hatten uns viel zu erzählen. Nur Billa, den Mann von Liz, hatte ich noch nicht gesehen. Er war unterwegs und wollte den Tag darauf wiederkommen.

Montag früh. Ich stöhnte, als Mike mich grölend weckte.

»Steh auf! Du wolltest doch so früh wie möglich zum Jobcenter.«

»Ja, ja. Laß mich noch ein bißchen schlafen«, jammerte ich.

»Nein, Mutti hat extra Kaffee für dich gekocht.«

»Mein Gott!« rief ich aus, denn wenn ein Engländer versucht, Kaffee zu kochen, kommt das einer mittleren Katastrophe gleich. Sie können es einfach nicht! Sie werden es niemals können! Kaum hatte ich mich hingesetzt, da stand Liz schon da, mit der Kanne in der Hand, und schenkte mir stolz ihren Kaffee ein.

Ich lächelte und sagte: »Danke.«

»Bin gespannt, wie er dir diesmal schmeckt. Ist nämlich ein richtiger Aufgebrühter«, sagte sie.

Ich schaute in die Tasse und dachte: »Wenn ich nicht wüßte, daß das Kaffee ist, ich würde es nicht glauben.« Er war so dünn, daß man bis auf den Grund sehen konnte. Ich mußte lachen und sagte: »Sei mir nicht böse, Liz. Aber den will ich nicht einmal probieren. Gib mir bitte Tee.«

»Meinetwegen«, sagte sie beleidigt.

»Jetzt fang bloß nicht an zu schmollen. Ist doch halb so wild«, sagte ich.

»Hast du jemals etwas aus reiner Höflichkeit getan?« fragte sie.

»Ja.«

»Wann?«

»Habe kein Beispiel parat.«

»Weil es keins gibt«, sagte sie lächelnd.

»Stell dir doch mal vor, ich hätte den Kaffee aus reiner Höflichkeit gelobt und getrunken. Dann würdest du mir diese Brühe jeden Tag vorsetzen. Willst du das wirklich?«

Liz lächelte und meinte: »Schon gut. Aber du könntest mir ja auch mal zeigen, wie man richtigen Kaffee kocht.«

»Das ist ein Wort. Heute nachmittag, ja?«

Wir frühstückten zusammen, bis es Zeit wurde, aufzubrechen.

»Wie soll denn dein Tag heute aussehen?« fragte Liz.

»Zuerst einen Job suchen und dann eine Gemeinde.«

»Eine Gemeinde?«

»Ja, denn die Leute von ›Jugend mit einer Mission‹ haben mir gesagt, daß es sehr wichtig ist, Gemeinschaft mit Gläubigen zu haben.«

»Komm doch mit in meine Kirche. Heute abend gehe ich zur Messe, da kannst du gleich mitkommen.«

»Gut«, sagte ich. »Jetzt muß ich aber wirklich los. Tschüß, bis nachher.«

Als ich nach draußen kam, bekam ich einen richtigen Kälteschock. Ich vergrub meine Hände in den Mantel und trottete los. Kaum hatte ich den ersten Doppeldecker-Bus entdeckt, packte mich der Übermut. Ich sprang auf, ließ mich ein paar hundert Meter mitnehmen, sprang in einer Kurve wieder ab und setzte meinen Weg zum Jobcenter fort.

Das Jobcenter war gerammelt voll. Ich trug mich in die Liste ein und zählte die Unterschriften, die noch vor mir aufgerufen würden. Zwanzig Leute, auf drei Sachbearbeiter verteilt, machte eine Wartezeit von ungefähr ein bis anderthalb Stunden. Ich machte mir an den Schwarzen Brettern, den Bords, zu schaffen. Jedes Bord stand für eine Kategorie, zum Beispiel: Hotel und Gaststätten, Büroangestellte, medizinische Berufe und so weiter. In jeder Kategorie waren eine Reihe Stellenangebote angepinnt, die jeweils auf Kärtchen standen. Sagte einem so ein Kärtchen zu, dann nahm man es einfach an sich und legte es dem Sachbearbeiter vor. Der rief dann den Arbeitgeber an und arrangierte ein Vorstellungsgespräch. Ich fand diese Art von Jobvermittlung ganz toll, weil sie Chancengleichheit garantierte.

Nach langem Suchen fand ich endlich ein Angebot, das mir gefiel. Ein Reisebüro suchte nach einer Kraft, die den Kunden etwas über ihre Reiseziele erzählte. Ich hatte so etwas zwar noch nie gemacht, aber ich wollte den Job. Man bekam ein tolles Gehalt und hatte eine Arbeitszeit von nur fünf Stunden pro Tag. Das einzige Problem war die Tatsache, daß der Arbeitgeber Referenzen verlangte. Aber da würde mir schon etwas einfallen. »Den oder keinen«, dachte ich und nahm die Karte vom Bord.

Zwei Stunden später saß ich meinem zukünftigen Chef gegenüber und erklärte ihm: »Um gleich auf den Punkt zu kommen: Referenzen habe ich keine. Aber was Besseres als mich gibt es nicht! Ich kann Ihren Kunden etwas erzählen. Geben Sie mir eine Probezeit von zwei Wochen, dann sehen Sie an Ihrem Umsatz, was ich wert bin.«

Mein Chef stand auf, lächelte und sagte: »Nächsten Montag um acht Uhr beginnt Ihr erster Arbeitstag.«

»Vielen Dank! Wie ich sehe, verstehen Sie etwas von Ihrem Job«, ulkte ich.

Er lachte und sagte: »Das will ich hoffen! Das will ich wirklich hoffen.«

Auf dem Weg nach Hause freute ich mich, daß dieser

Teil so reibungslos abgelaufen war. »Du bist ein Glückskind«, dachte ich glücklich. »Nun brauchst du dich nur noch um eine Gemeinde zu kümmern, und alles wird bestens verlaufen.« Gerade hatte ich die Eingangshalle des Hotels betreten, lief mir Billa über den Weg. »Hallo, Renate. Na, wieder im Lande? Wie geht es dir?« fragte er.

Billa war ein äußerst höflicher Mann, doch das war nur die eine Seite von ihm. Die andere war nicht so angenehm. Billa war einer der kältesten Männer, die ich je kennengelernt habe. Alles, was er tat, war reine Berechnung. Für ihn zählte nur eines: Geld, Geld und nochmals Geld. Trotzdem mochte ich ihn, denn er bestritt nie, daß Geld sein Leben bestimmte.

Er wußte genau, wie ich über ihn dachte. Allerdings war seine Meinung über mich auch nicht gerade erhebend. Das Merkwürdige an der ganzen Sache war, daß er mich ebenfalls gern hatte. Liz sagte einmal: »Ich kann das nicht begreifen. Keiner von euch beiden läßt auch nur ein gutes Haar am anderen, aber ihr mögt euch.« Ich konnte das auch nicht verstehen.

Das Hotel war wie ausgestorben. Zur Zeit war ich der einzige Gast, aber das würde sich spätestens im Februar ändern. Der Januar ist für viele Hotels der am wenigsten ergiebige Monat.

Ich ging hinauf in Liz' Wohnung, ins oberste Stockwerk des Hotels. Liz lag auf der Couch und trank einen Tee. »Na, hast du schon einen Job gefunden?«

»Sogar einen ganz tollen«, sagte ich.

»Ich hoffe, daß es diesmal ein ungefährlicher ist«, meinte sie mahnend.

»Keine Sorge! Diesmal putze ich keine Hochhausfenster«, beruhigte ich sie.

Das hatte ich nämlich einmal gemacht, und Liz hatte jeden Tag um mein Leben gezittert, aus Angst, daß ich bei einem Anfall in die Tiefe stürzte. Obwohl ich ihr etliche Male erklärt hatte, daß man in den Körben, die an der Hauswand hängen, ziemlich sicher ist, konnte ich ihr die Angst nie richtig nehmen.

Als ich ihr erzählte, um was für einen Job es sich diesmal handelte, war sie zufrieden. Ich wollte ihr gerade erklären, in welcher Straße sich das Reisebüro befand, als das Telefon klingelte. Liz hob ab und sagte einen Moment später: »Für dich.«

Verwundert stand ich auf und nahm ihr den Hörer ab. »Hallo.«

»Renate, hier ist Gail. Ich habe mir gedacht, daß du wieder im gleichen Hotel bist«, sagte sie.

»Ich denke, du bist in Afrika? Von wo aus rufst du an?«

»Ich bin am Flughafen. Renate, mir geht es sehr schlecht. Ich glaube, ich bin krank. Kannst du mich abholen?« Sie hatte eine Stimme, die mir durch Mark und Bein ging.

»Natürlich! Sag mir, wo du bist? Welcher Flughafen, welche Halle?«

Als sie mir alles erklärt hatte, rief ich noch: »Rühr dich nicht vom Fleck! Hast du verstanden? Ich bin schon auf dem Weg!«

»Mein Gott, Liz!« sagte ich, als ich aufgelegt hatte. »Mit Gail stimmt was nicht.« Liz kannte Gail ebenfalls, denn sie hatte auch schon öfters in dem Hotel gewohnt. »Ich dachte, sie ist noch in Afrika, denn sie wollte eine Tour durch mehrere Länder machen. Irgendwas ist da schiefgelaufen.«

»Mach dich jetzt nicht verrückt. Geh sie holen. In der Zwischenzeit richte ich in deinem Zimmer das Bett für sie her. Mike muß dann halt wieder in seinem Zimmer schlafen. Ich koche auch was Gutes für euch.«

»Gut, sehr gut! Ach, wenn ich dich nicht hätte! Ich gehe sie erst mal holen«, rief ich und rannte aus dem Haus. Ich lief so schnell, wie ich schon lange nicht mehr gelaufen war.

In Victoria Station nahm ich die District-Line zum Flughafen. In der U-Bahn dachte ich unwillkürlich an meine erste Begegnung mit Gail: Wir wohnten hier im Hotel. Eines Abends ging ich in die Küche, um mir einen Kaffee zu kochen. Ich hatte kurz vorher einen Anfall gehabt und wollte mich mit dem Kaffee wieder auf Trab bringen. Gail bemerkte mich erst gar nicht. Sie machte gerade vor ein paar Gästen einen Anfall nach, worüber sich alle totlachten. In dem Moment hatte ich einen totalen Blackout. Ich bekam eine Pfanne zu fassen und donnerte sie ihr vor den Kopf. Erst als der Krankenwagen kam, begann ich zu begreifen, was ich angerichtet hatte.

Nun, um eine lange Geschichte kurz zu machen: Wir beide vertrugen uns wieder und wurden Freunde. Jedesmal, wenn wir uns in irgendeinem Land verabredeten, verbrachten wir viel Zeit zusammen. Manchmal hatten wir sogar den gleichen Job. Gail ist Australierin und reiste wie ich etliche Jahre in der Weltgeschichte herum.

Während ich mich in der U-Bahn an diese Zeiten erinnerte, wurde mir erst richtig bewußt, wie gern wir uns hatten, und ich dachte: »Lieber Gott, laß es mit Gail nicht ganz so schlimm sein. Mach, daß alles wieder gut wird.«

Furchtbar aufgeregt kam ich im Flughafen an und hielt nach Gail Ausschau. Meine Augen entdeckten sie zusammengekauert in einer Ecke hocken. Der Schweiß rann ihr übers Gesicht, und sie zitterte.

»Gail!« stieß ich aus. »Mein Gott, was ist los?«

»Renate, ich habe richtig Angst gehabt, daß du dieses Jahr vielleicht nicht in London sein würdest. Aber du bist da.«

»Ja, ich bin da«, sagte ich und mußte schlucken. Ich schaute mich um. »Sag mal, hat dich einer gefragt, ob du Hilfe brauchst?«

»Weiß nicht«, stöhnte sie.

»So, ich bestelle jetzt einen Krankenwagen. In diesem Zustand kann ich dich unmöglich mit nach Hause nehmen. Du brauchst einen Arzt.«

Gail fing an zu weinen. Spontan nahm ich sie in die Arme und drückte sie so fest, wie ich sie noch nie gedrückt hatte. Daraufhin schaute sie mich grinsend an und sagte: »Was ist denn mit dir los? Bist du krank?«

»Blöde Kuh!« sagte ich nur.

Gail glühte richtig. Sie mußte immens hohes Fieber haben.

»Hast du Schmerzen?« fragte ich.

»Mir tut alles weh.«

»Paß auf! Ich gehe jetzt ganz schnell telefonieren. Du mußt ins Krankenhaus.«

Gail schaute mich ängstlich an.

»Hab keine Angst. Ich bin sofort wieder zurück«, beruhigte ich sie.

Ich rannte zur Telefonzelle und leitete, wenn auch zitternd, alles in die Wege. Die ganze Aktion dauerte höchstens drei Minuten, aber während dieser kurzen Zeit hatte sich Gails Zustand erheblich verschlechtert. Ihr Bewußtsein war getrübt, ihre Augen glasig. Auf einmal konnte ich mich nicht mehr zusammenreißen. Ich packte sie an den Schultern und rief: »Nippel mir nicht ab, Gail! Mein Gott, hilf ihr doch!«

Gail reagierte nicht, stammelte nur wirres Zeug. Ich fühlte ihren Puls. Er war flach und raste. »Lieber Gott, ich tue alles, damit sie wieder gesund wird«, dachte ich. Plötzlich wurde ich ruhiger. »Es wird schon werden«, kam es mir in den Sinn.

Endlich sah ich den Notarzt und die Sanitäter angerannt kommen. Ich zuckte nur mit den Schultern, als der Arzt mich fragte, was Gail haben könnte. Man legte sie auf die Trage, ich nahm ihren Rucksack, und dann ging's im Laufschritt zum Krankenwagen. Die Sanitäter stiegen vorne ein, der Arzt und ich hinten. Er legte Gail sofort einen Zugang für eine Infusion und befahl dem Fahrer, das Blaulicht einzuschalten.

»Wie sieht's aus mit ihr?« fragte ich besorgt.

»Können Sie mir sagen, wo diese Frau gerade herkommt?«

Ich durchwühlte Gails Sachen und fand ein Ticket.

»Abgeflogen ist sie in Kairo. Sie hatte vor, durch einige Länder Afrikas zu reisen. Kann Ihnen aber nicht sagen, wo sie genau war.«

»Wissen Sie, was ich glaube? Ihre Freundin ist mit Malaria zurückgekommen.«

»Du meine Güte!« sagte ich nur.

»Sie ist total entkräftet, ihr Kreislauf ist miserabel«, bemerkte er.

Mir schossen die Tränen in die Augen, und ich fragte: »Sie wird doch wieder gesund, oder?«

»Keine Angst! Wir kriegen sie schon wieder hin.«

Erleichtert atmete ich auf.

Im Krankenhaus brachte man Gail gleich auf eine Isolierstation. Der Arzt sagte mir, daß sie so lange dableiben müsse, bis man wußte, was sie hatte. Ich wartete nervös auf dem Gang. Ungefähr zwei Stunden rannte ich wie ein aufgescheuchter Pfau von einem bis zum anderen Ende des Ganges, bis endlich der Arzt kam und mir sagte, daß Gail Malaria tropica habe. Er gab mir den Ratschlag, nach Hause zu gehen, weil Gail schlafe und sowieso nicht ansprechbar sei. Ich war erleichtert und dankte Gott, daß alles wieder gutwerden würde.

Auf dem Weg nach Hause machte mir die naßkalte Luft das Atmen schwer. »Dieses Wetter! In London könntest du nie leben«, dachte ich.

Müde saß ich auf einer Bank und wartete auf die U-Bahn. Plötzlich stellte sich ein Mann vor mich hin und öffnete seinen Mantel. Was er mir zeigte, kann sich wohl jeder denken. Ich schüttelte den Kopf und sagte: »Junger Mann, Sie werden sich erkälten.« Daraufhin suchte er schnell das Weite, und ich mußte lachen. »Du bist wieder in London«, dachte ich nur.

Kaum hatte ich die Tür des Hotels geöffnet, kam der Leutnant auf mich zu und sagte: »Ich habe gerade von Mrs. P. (Liz) erfahren, daß diese Doppelagentin wieder im Lande ist. Ich hoffe, daß Sie diesmal herausfinden, worauf sie angesetzt wurde.«

»Ich werde mir Mühe geben«, sagte ich nur. Das letzte Mal hatte ich nämlich kläglich versagt. Der Leutnant hatte damals irgendwie herausgefunden, daß Gail zwei Pässe hatte: einen australischen und einen britischen. Natürlich war das für den Leutnant eine klare Sache. Wer zwei Pässe hatte, mußte einfach ein Spion sein.

Ich ging nach oben, und Liz fragte mich erstaunt, wo ich Gail gelassen hatte.

»Sie ist im Krankenhaus. Malaria tropica.«

»Das darf doch nicht wahr sein!«

»Sie wird wieder gesund. Das ist die Hauptsache«, sagte ich.

»Setz dich und ruh dich aus. Mike kommt auch gleich. Übrigens hat mein Mann mir heute morgen mitgeteilt, daß er übermorgen für drei Monate nach Indien geht.«

»Und?« fragte ich.

»Ich habe ihm gesagt, daß ich das Hotel nicht alleine führen kann und noch jemanden einstellen werde, wenn ich Entlastung brauche. Ich sage dir das nur, falls du wieder auf die Idee kommst, dir noch einen zweiten Job zu suchen.«

»Gut, das zu wissen«, sagte ich. »Vielleicht komme ich darauf zurück.«

Beim Abendessen fragte Liz: »Na, willst du mit in die Messe kommen?«

»Ja, gern«, sagte ich.

Mike verzog das Gesicht und sagte: »Ich bleibe hier.«

»Du kommst mit«, sagte Liz ernst.

»Ich habe aber keine Lust«, protestierte er.

»Mike, ich sage es nicht noch einmal«, ermahnte sie ihn.

»Wenn er nicht will, laß ihn doch«, bemerkte ich.

Liz schaute mich an und erklärte: »Mein Sohn ist katholisch und hat jeden Sonntag in die Kirche zu gehen. Da er aber gestern nicht da war, holt er das heute nach.«

»Ich versteh das nicht. Warum soll er, wenn er keine Lust hat?«

»Ein guter Katholik geht mindestens einmal die Woche in die Kirche.«

So etwas hatte ich noch nie gehört, und ich sperrte Mund und Ohren auf, so erstaunt war ich. Mike bat um Erlaubnis, in sein Zimmer gehen zu dürfen, und Liz nickte.

»Das mußt du mir erklären, Liz. Warum soll der Junge in die Kirche, wenn er keine Lust dazu hat?«

»Weil ich keinen gottlosen Sohn haben will«, sagte sie ernst.

»Gottloser Sohn?!! Du kannst doch deinen Jungen nicht zu Gott hinprügeln. Wenn du Mike andauernd zum Kirchgang zwingst, wird er sich eines Tages ganz davon abwenden, sobald du nämlich keinen Einfluß mehr auf ihn hast.«

Liz hatte plötzlich Tränen in den Augen und sagte: »Aber was soll ich denn tun?«

»Ich weiß es nicht. Ich weiß nur, daß Gott keine erzwungene Liebe will. Ich zum Beispiel bin überhaupt nicht religiös erzogen worden, aber bin ich deshalb gottlos geworden? Zwinge deinen Sohn nicht, etwas zu tun, wovon er nicht überzeugt ist. Sicher, er ist noch ein Kind, und du kannst nicht alles durchgehen lassen. Trotzdem glaube ich, daß jeder Mensch seinen eigenen Weg zu Gott finden muß. Alles, was du tun kannst, ist ein Beispiel geben, ohne zu erwarten, daß er diesem Beispiel auch folgt. Laß ihm mehr Freiheiten, damit er sich überhaupt frei für Gott entscheiden kann.«

Liz guckte mich an und sagte: »Meinst du, daß ich zu streng mit Mike bin?«

»Wenn du ihn immer dazu zwingst, in die Kirche zu gehen, dann bist du nicht nur streng, sondern auch unsicher. Du sagtest mir, daß jede Religion ihren Erlöser habe, aber alle zu dem einen Gott führen. Wenn das wirklich stimmt, warum bist du dann so erpicht darauf, daß Mike ein guter Katholik wird? Soll er doch ein guter Moslem, ein guter Sikh oder sonstwas werden, wenn du das wirklich glaubst, was du mir vor ein paar Tagen gesagt hast. Nein, Liz, so geht das nicht. Ich gebe zu, daß ich noch ziemlich unerfahren auf diesem Gebiet bin, aber eines spüre ich ganz deutlich: Irgend etwas stimmt hier nicht.«

Liz stöhnte und schaute mich an. Nach einer Weile sagte sie: »Nun gut. Man kann es ja mal probieren. Ich habe es sowieso satt, mich jedesmal mit meinem Sohn zu streiten, nur weil er nicht in die Kirche will.«

Plötzlich fing sie an zu lachen: »Wenn ich ehrlich bin, habe ich heute auch keine Lust.«

»Ist ja nicht schlimm, oder?«

»Wenn ich das nur wüßte«, meinte sie nachdenklich.

So, wie sie das sagte, konnte man meinen, daß sie vor Gott Angst hatte.

Liz überlegte und sagte dann: »Was hältst du davon, wenn wir heute mal ins Kino anstatt in die Kirche gehen?«

»Toll! Mike wird sich freuen«, sagte ich.

Liz rief Mike. Er kam herein und schaute uns mit einer derart sauren Miene an, daß wir beide lachen mußten.

»Warum lacht ihr?« fragte er ärgerlich.

»Ist schon gut, Mike. Wir wollten dich nur fragen, ob du Lust hast, gleich mit uns ins Kino zu gehen?« fragte sie.

Mike sperrte seinen Mund auf und bekam ihn gar nicht wieder zu. Wieder mußten wir lachen. Ein paar Augenblicke später sagte er:

»Ins Kino?!«

»Jawohl, ins Kino«, sagte Liz lachend.

Mike jubelte und sagte: »Ich gehe mal schnell ins Büro und hole das Programm, damit wir uns einen Film aussuchen können.«

»Mann, war das ein Tag«, stöhnte Liz.

»Kannste laut sagen. Man gut, daß ich noch eine Woche frei habe. Hoffentlich geht das die nächsten Monate nicht so weiter.«

Liz schaute mich nur an und lachte. Mike kam mit dem Kinoprogramm zurück, und wir suchten uns etwas Lustiges aus. Londons Kulturangebot ist äußerst vielfältig, wie es sich für eine Weltstadt gehört. Ich war immer erstaunt über die Möglichkeiten, die sich einem boten, wenn man einen Abend in der Stadt verbringen wollte. Die Preise für Kino-, Theater- und Konzertkarten waren beinahe für jedermann erschwinglich. Allerdings konnte ich mich nie daran gewöhnen, daß fast überall um elf Uhr Zapfenstreich ist. Kinos, Theater und Restaurants schließen um diese Zeit. Wer trotzdem noch nicht nach Hause gehen will, findet höchstens noch in Nachtclubs oder Spielhallen einen Zeitvertreib.

Es wäre gelogen, wenn ich sagen würde, daß der Film gut, schlecht oder sonst etwas war, denn so richtig wach war ich nur beim Kartenkauf. Kaum saß ich im Sessel, war ich auch schon eingeschlafen. Dieser Tag war einfach zu viel für mich gewesen: einen Job gesucht und gefunden, Gail ins Krankenhaus gebracht und stundenlang gewartet, und schließlich die Unterhaltung mit Liz. Das war doch recht anstrengend gewesen, man hätte es gut auf eine Woche aufteilen können.

Mike und Liz weckten mich, als der Film vorbei war. Mike fragte mich, ob ich die Nacht zu Hause oder im Kino verbringen wollte. Auf dem Heimweg tanzte er glücklich um uns herum, erzählte seiner Mutter, wie lustig er diese oder jene Szene gefunden hatte, und lachte sich dabei kaputt.

Am nächsten Tag besuchte ich Gail. Sie konnte wieder lächeln, und ich sah, daß es ihr besser ging.

»Hallo!« sagte ich.

»Hallo! Renate, ich sage dir: Nie wieder Afrika! Das war eine Nummer zu groß für mich«, meinte sie lächelnd.

»Abgesehen von der Malaria hast du wohl noch andere Pleiten erlebt, nicht wahr?«

»Darf gar nicht dran denken.«

»Willst du darüber reden?«

»Später.«

»Gut. Hast du schon mit dem Arzt gesprochen?«

»Ja. Ich muß wohl noch einige Zeit hierbleiben. Er sagte, daß ich mir neben der Malaria noch eine Darminfektion zugezogen habe. Die muß auch behandelt werden.«

Gail ging es zwar besser, aber man konnte ihr ansehen, wie geschafft sie noch war. Schon nach einer Viertelstunde war sie total erledigt.

»Paß auf! Ich gehe jetzt für dich einkaufen. Du brauchst ein paar Nachthemden und das ganze Drumherum. Hast du einen besonderen Wunsch?«

»Nein.«

»Irgendwas zum Knabbern, falls es der Arzt erlaubt?«

»Bring mir Kekse mit.«

»Gut. Also dann bis morgen. Du mußt dich jetzt ausruhen!«

»Du!«

»Ja?«

»Danke für alles.«

»Du meine Güte! Bist ja richtig sentimental geworden«, grinste ich.

Ich verbrachte den ganzen Tag in der Stadt und ging erst am Abend wieder nach Hause. Die Reklameschilder mit ihren bunt leuchtenden Farben boten ein phantastisches Bild, das mich immer aufs Neue faszinierte. Ich bummelte durch die engen Gassen von Soho in Richtung Regent Street. Soho war längst nicht mehr nur das verrufene Viertel von anno dazumal. Außer den Striptease-Lokalen und den »reizenden« Damen, die sich dort anboten, fand man auch neugebaute Bürohäuser von seriösen Firmen, Imbißstuben und kleine Läden. Als ich am Piccadilly Circus vorbeikam, war ich mal wieder beeindruckt von dem dichten Verkehr, der von allen Seiten heranströmte und sich dann wie Flußarme teilte, um in Richtung Haymarket oder Regent Street weiterzufließen. Beim nächsten Doppeldecker sprang ich auf und fuhr das letzte Stück nach Hause.

Ich hatte Hunger und ging sofort in die Hotelküche, um mir etwas zu kochen. Der Leutnant war gerade dabei, sich ein wahrlich gigantisches Abendessen zu kochen, wobei er den ganzen Herd in Beschlag nahm. Ich beschloß, lieber mit Mike und Liz zu essen, weil ich keine Lust hatte, Ewigkeiten auf eine freie Platte zu warten.

»Na, haben Sie die australische Spionin kleingekriegt?« fragte der Leutnant, als er mich sah. »Habe von Mrs. P. (Liz) gehört, daß sie Malaria hat. Nun, ich hoffe, Sie haben längst bemerkt, daß sie sich absichtlich damit infiziert hat, denn nur so konnte sie im Land bleiben, ohne Verdacht zu erregen.«

»Nein, Leutnant, diesmal ist es anders. Ich habe es geschafft, Gail auf unsere Seite zu ziehen. Sie hat sich nicht infiziert. Das hat tatsächlich eine ganz dämliche, aber gemeine Mücke gemacht. Ich versichere Ihnen, daß Gail ab heute eine der unseren ist.«

»So?! Und wie, bitte, haben Sie das gemacht?«

»Das verrate ich Ihnen ein anderes Mal«, sagte ich und dachte: »Wenn mir eine passende Antwort eingefallen ist.«

»Gut, gut! Aber vergessen Sie bitte nicht, daß Sie in diesem Fall die Verantwortung tragen«, ermahnte er mich.

»Nein, nein«, antwortete ich lächelnd und wünschte ihm noch einen guten Abend.

Liz schaute mich erleichtert an, als ich ins Wohnzimmer kam: »Da bist du ja! Was hast du denn den ganzen Tag gemacht? Du hast doch keinen Anfall gehabt?«

»Nein, ich habe nur für Gail eingekauft und einen Stadtbummel gemacht.«

»Du hast doch deine Karte dabei, oder?«

»Ja. Mach dir doch bitte nicht soviel Sorgen.«

Die Karte, die ich immer in der Tasche hatte, gab ein paar Informationen über meine Krankheit her, falls ich mal mitten in der Stadt einen Anfall bekommen sollte. Liz hatte mir so ein Ding angedreht, denn sie meinte, daß das nötig sei.

Beim Abendessen bat ich Mike, daß er für zwei Nächte wieder in seinem Zimmer schlief, weil ich mal für mich allein sein und in Ruhe schreiben wollte.

Mike zeigte Verständnis und fragte: »Schreibst du denn immer noch Tagebuch und Geschichten?«

Ich nickte.

»Also schreiben könnte ich nie«, bemerkte er.

»Wieso? Hast du keinen Stift?« scherzte ich.

Die beiden lachten, und Liz fragte: »Was machst du eigentlich mit dem ganzen Zeug? Mit den Jahren hat sich doch bestimmt allerhand angesammelt, nicht wahr?«

»Das kann man wohl sagen. Wer weiß, vielleicht schreibe ich ja mal ein Buch«, spaßte ich.

Liz lachte und sagte: »Und ich dachte, wir hätten schon genug Katastrophenromane auf dem Markt. Wenn ich dir einen Tip geben darf: Laß die Hälfte der Katastrophen, die du erlebt hast, raus, denn wer dich nicht kennt, könnte glauben, du übertreibst.«

Nun mußte auch Mike lachen: »Aber wer dich kennt, wird sich beim Lesen deines Buches fragen, warum du so maßlos untertrieben hast.«

»Was bin ich froh, daß ich niemals ein Buch schreiben werde«, sagte ich nur.

Mike kicherte: »Falls du es aber doch einmal tust, dann mußt du unbedingt die Geschichte erzählen, wie der Leutnant dich wegen Einbruch und Spionage verhaften ließ.«

»Erinner mich bloß nicht daran«, stöhnte ich.

Die Geschichte war folgendermaßen gelaufen: Eines Abends wollte ich ein Konzert besuchen. Liz versprach mir, bei meiner Rückkehr die Haustür zu öffnen, denn alle Schlüssel waren vergeben. Liz, Billa und Mike würden an dem Abend Freunde in einem Nachbarort besuchen. Sie wollten früh genug wieder zurück sein. Doch es kam alles anders: Ihr Auto hatte eine Panne, und ich stand vor der Haustür und fror mir den Hintern ab. Ich wußte, daß der Leutnant im Hotel war, aber ich wußte auch, daß er niemanden reinließ, wenn kein anderer zu Hause war. Zu allem Übel wurde das Hotel gerade renoviert und hatte deshalb keine Gäste. Trotzdem klingelte ich Sturm und hoffte, daß der Leutnant sich erbarmen würde, obwohl er mich damals noch für einen Staatsfeind hielt.

Nachdem ich meinen Daumen ohne Unterbrechung auf die Klingel gedrückt hatte, öffnete der Leutnant ein Fenster im zweiten Stock und teilte mir mit, daß das Hotel zur Zeit keine Gäste betreue. Ich erinnerte ihn daran, daß ich ein Gast des Hauses war und er nun endlich die verdammte Tür aufschließen sollte. Den Leutnant beeindruckte das keineswegs. Er erwiderte nur, daß er sein Land niemals verraten würde.

Ich wurde so wütend, daß ich ihm alle möglichen unschönen Dinge an den Kopf warf, die mir gerade einfielen. Als ich damit fertig war, sagte er doch glatt, er habe nicht gewußt, daß deutsche Spione mit einem derartig niedrigen Niveau ausgestattet seien, und schloß das Fenster. Oh, wie ich kochte!

Nach einer geraumen Zeit kam mir die Idee, mir den Eingang durchs Kellerfenster zu verschaffen, das man aushebeln konnte, wenn man wußte, wie es ging. Leider hatte ich die Rechnung ohne den Leutnant gemacht, der schon die Polizei angerufen hatte, bevor ich überhaupt eingestiegen war. Gerade hatte ich mich durch die kleine Öffnung durchgezwängt und ging zur Kellertür. Als ich sie aufmachte, standen zwei Polizisten davor und sagten: »You've just been arrested.«

Ich lachte nur und versuchte, die Sache zu erklären. Doch alles, was ich sagte, stritt der Leutnant rigoros ab. Er habe mich noch nie gesehen, ich sei einfach eingebrochen, und daß ich die Freundin von der Frau des Hotelbesitzers sein wolle, sei einfach zum Totlachen.

Abermals versuchte ich, meine Lage zu erklären, woraufhin der Polizist mich fragte, wieso dieser Mann das denn nicht bestätigen würde, wenn es den Tatsachen entspräche. Schach matt! Ich brachte es nicht übers Herz, die Polizei über den Geisteszustand des Leutnants aufzuklären. Zumal er dabeistand und alles mitanhörte. Ich stöhnte und sagte: »Nehmen Sie mich ruhig mit. Ich kann auch in der Zelle auf meine Freunde warten.«

Als ich im Polizeiwagen saß, dachte ich: »Was habe ich an mir, das mich immer in Schwierigkeiten bringt?«

Zwei Stunden später wurde ich von Liz und Billa abgeholt. Sie erzählten der Polizei, was mit dem Leutnant los war. Dann konnte ich endlich nach Hause.

Bevor die beiden mich aus dieser unangenehmen Situation befreiten, hatte Liz mit dem Leutnant furchtbar geschimpft, obwohl uns allen klar war, daß er nicht bewußt gelogen hatte. Er hatte die Tatsache, daß ich Gast war, einfach verdrängt.

Der Leutnant entschuldigte sich bei mir. Man konnte sehen, wie sehr er unter dieser Sache litt. Daß er vergessen hatte, daß ich zum Haus gehörte, machte ihm arg zu schaffen.

»Ich werde natürlich jede Disziplinarstrafe auf mich nehmen«, sagte er damals betroffen.

»Schon vergessen«, antwortete ich nur, und seit diesem Tag begann das Eis zu brechen.

Eine richtige Kirche

Am nächsten Tag besuchte ich natürlich wieder Gail. Sie schlief die meiste Zeit, und das machte mir langsam Sorgen. Ich ging hinaus, um einen Arzt zu sprechen. Er beruhigte mich und sagte, daß Gail sich gesundschlafe.

Auf dem Weg nach Hause fiel mir ein Schaukasten auf, der neben einer Kirche stand. In dem Kasten wurden eine Menge Veranstaltungen bekanntgegeben, die bald in der Gemeinde stattfinden sollten. Ich wurde neugierig und wollte einfach mal in die Kirche hineinsehen, aber sie war geschlossen. Für einen Augenblick stand ich etwas unschlüssig da. Ich hatte keine Ahnung, ob das normal war, und fragte mich, warum man eine Kirche abschließt. Dann machte ich achselzuckend kehrt und wollte nach Hause gehen. Aber keine zwanzig Meter von der Kirche entfernt fiel mir eine Gasse auf, die zu einem Nebenhaus führte. Die Haustür war weit offen, und so ging ich einfach hinein. Gleich wurde ich von einem Mann begrüßt, der mich nach meinem Anliegen fragte.

»Na ja«, sagte ich. »Eigentlich wollte ich nur mal gucken. Ich suche nämlich eine Gemeinde, und irgendwie kam es mir so vor, als gehörte dieses Haus zur Kirche.«

Der Mann nickte, und ich fragte: »Was hat dieser Laden denn zu bieten?«

Der Mann lächelte: »Eine ganze Menge. Zur Zeit setzen wir uns zum Beispiel sehr für Obdachlose ein, suchen Wohnungen und so weiter. Aber das ist nur *ein* Schwerpunkt.«

»Hm«, machte ich. »Hört sich gut an. Darf ich denn auch mal kommen?«

»Aber selbstverständlich. Kommen Sie doch erst mal Sonntag zum Gottesdienst. Wir essen auch zusammen Mittag. Wenn Sie möchten, setze ich Sie gleich mit auf die Liste.«

»Ja, gerne«, sagte ich.

Ich war richtig fröhlich, als ich nach Hause ging, und voll gespannter Erwartung.

Endlich kam der Sonntag. So aufgeregt war ich schon lange nicht mehr gewesen, wie jetzt, als ich mich auf den Weg zum Gottesdienst machte. Das erste Mal in meinem Leben besuchte ich eine »richtige« Kirche. Für mich war das wirklich etwas ganz Besonderes. Im Eingang stand eine junge Frau und begrüßte die Leute. Sie verteilte Zettel, wovon ich gleich einen nahm. Ich setzte mich und schaute mir den Zettel an: »Herzlich willkommen in unserer Gemeinde. Da Sie uns zum ersten Mal besuchen (wäre es nicht das erste Mal, dann hätten Sie keinen Zettel genommen), möchten wir Ihnen gleich ein paar Informationen über uns geben.«

Die Idee mit dem Zettel fand ich sehr gut, denn so wußte man als Fremder gleich ein wenig mehr und kam sich nicht so verloren vor. Einige Sachen, die darauf standen, kann ich wärmstens weiterempfehlen, zum Beispiel: »Sie sind neu in der Stadt und suchen Anschluß in unserer Gemeinde? Wenn ja, wenden Sie sich doch bitte nach dem Gottesdienst an die Leute, die im Gemeindesaal an den Tischen Nr. 4, 6 und 8 sitzen.«

Von der Predigt bekam ich so gut wie nichts mit, denn ich war so aufgeregt, so beeindruckt, daß ich mich kaum konzentrieren konnte. Nach der Predigt ging ich sofort an einen der erwähnten Tische und erzählte, daß ich erst seit ein paar Monaten Christ war und so weiter und so fort.

Ein Mann sagte: »Nun, wir legen großen Wert auf Mitarbeit. Aber wir wollen keine Einzelkämpfer. Aus diesem Grund schleusen wir jeden, der neu ist, erst mal in ein paar Gruppen ein, die unterschiedliche Aufgabenbereiche haben. Hat man nach einer gewissen Zeit Anschluß gefunden, ist man auch gerne dazu bereit, mitzuarbeiten, und kann sich in Ruhe überlegen, wo der eigene Platz in der Gemeinde sein könnte. Wenn du etwa fünf Monate hierbleiben willst, dann ist es erst mal wichtig, daß du dich hier wohlfühlst. Na, was sagst du dazu?«

»Gefällt mir gut«, antwortete ich.

Nach dem Mittagessen wußte ich schon eine ganze Menge über die Gemeinde und ging dann, mit nicht gerade wenigen Adressen in der Tasche, nach Hause. Als ich Liz erzählte, was ich den Tag über erlebt hatte, konnte sie mir kaum glauben. Sie freute sich mit mir und wollte sogar mal mitkommen. Sie war nämlich richtig neugierig geworden.

Am Nachmittag gingen wir alle gemeinsam ins Krankenhaus, um Gail zu besuchen. Es ging ihr schon viel, viel besser, und wir hofften, daß wir sie bald mit nach Hause nehmen konnten.

Mein erster Arbeitstag stand vor der Tür. Mike weckte mich ziemlich lautstark, was ich gar nicht gern hatte. Schwerfällig kroch ich aus dem Bett und machte mich fertig. Danach ging ich in die Küche. Zu meiner Überraschung servierte Mike mir Tee und Toast.

»Das ist aber lieb von dir«, sagte ich und lächelte ihn an.

»Mama schläft noch, und ich wollte dir eine Freude machen«, erwiderte er strahlend.

Ich strich ihm über den Kopf und sagte: »Ist dir gelungen, Junge.«

Während ich meinen Tee schlürfte, sagte Mike: »Heute haben wir Schwimmen.«

Ich wußte, daß er das nicht mochte. Für ihn war der Schwimmunterricht jedesmal eine Tortur, denn er hatte für sein Alter unwahrscheinlich stark behaarte Beine. Das war nicht nur für sein Alter, sondern auch für seine Rasse ungewöhnlich. An sich wäre das gar nicht schlimm gewesen, wenn die Kinder in seiner Klasse sich nur nicht jedesmal so furchtbar darüber lustig gemacht hätten und Mike sich dabei nicht zu Tode geschämt hätte.

»Ich sehe ja auch aus wie ein Affe«, sagte er traurig.

»Das ist doch nicht wahr, Mike. Ich weiß, es ist zur Zeit schwer für dich. Aber da mußt du durch! Es wäre falsch, dich vor dem Schwimmunterricht zu drücken, denn sonst würden sie überhaupt nicht mehr aufhören, dich zu hänseln. Bald haben sie sich bestimmt an deine Beine gewöhnt, und dann wird ihnen die Spotterei langweilig werden.«

»Ich wollte sie schon abrasieren, doch dann würden sie mich bestimmt auch ärgern und sagen, daß ich eine Memme bin.«

»Wahrscheinlich«, stimmte ich ihm zu. »Rasier dich bloß nicht! Wenn du älter bist, wird es dich überhaupt nicht mehr stören.«

Mike stöhnte verzweifelt, und ich sagte: »Soll ich dir ein Geheimnis verraten?«

»Ja?«

»Ich stehe auf behaarte Männer.«

Mike fing an zu kichern, zwar etwas verschämt, aber ich spürte, daß es ihm gut tat.

»Mama hat gesagt, wenn ich erst mal ein Mann bin, wird es mir gefallen, weil es einfach zu mir gehört«, sagte er mit einer nun etwas heitereren Stimme.

»Recht hat sie. So, Junge, ich muß los, sonst komme ich schon am ersten Tag zu spät zur Arbeit«, rief ich und verließ das Haus.

Der erste Arbeitstag verlief einfach bestens. Meine Reisetips kamen bei den Kunden gut an, und mein Chef war begeistert. Er meinte, daß diese Idee einfach einmalig für sein Geschäft sei und ich sie erstklassig umsetzte. Ich lachte: »Ich möchte Ihre Freude in keinster Weise schmälern, aber es ist Ihnen doch hoffentlich klar, daß ich mehr Geld haben will, wenn Ihr Umsatz durch meine Arbeit auf Dauer einen kräftigen Sprung nach oben machen sollte.«

Mein Chef schaute mich an und sagte: »Großer Gott! Das nenne ich Selbstvertrauen. Kaum einen Tag hier und schon Ansprüche stellen!«

»Finden Sie das unverschämt?«

Nun mußte mein Chef lachen und erwiderte: »Ja und nein. Ja, weil Sie gerade angefangen haben, und nein, weil Sie sofort gemerkt haben, daß Sie mehr wert sind.«

»Tja«, sagte ich. »Die Welt ist grausam, aber damit müssen wir uns beide abfinden, nicht wahr?«

Abermals mußte mein Chef lachen und sagte: »Keine Angst, Frau Kauffmann. Sie bekommen auch ein Stück von dem Kuchen ab.«

»Schön, daß wir uns auf Anhieb so gut verstehen«, sagte ich grinsend. Durch meine Reiserei hatte ich mit den Jahren gelernt, konsequent zu reagieren, wenn es um gerechte Löhne ging. Dabei muß man natürlich wissen, was man wert ist, und manchmal sogar in Kauf nehmen, daß man am Ende gar nichts hat. Entweder verkaufe ich mich gut, hole raus, was ich meiner Meinung nach wert bin, oder ich verkaufe mich überhaupt nicht. Entweder hopp oder top!

Kurz vor Feierabend teilte mir mein Chef mit, welche Reiseziele am folgenden Tag anlagen, und meinte: »Über die Orte, an denen Sie noch nicht gewesen sind, müssen Sie sich halt informieren. Die Lektüre, die Sie dazu brauchen, zahle ich natürlich.« Beim letzten Satz lachte er hell auf, und ich mußte einfach mitlachen.

Endlich kam der Tag, an dem wir Gail nach Hause holen konnten. Sie war zwar gesund, durfte aber noch nicht arbeiten. Als wir am Abend in unseren Betten lagen, sagte sie:»Du mußt jetzt für mich mitarbeiten.«

»Na und? Mir geht es gut, und ich kann zur Zeit arbeiten. Außerdem hast du das auch schon ein paar mal für mich getan. Also spar dir deine Reden.«

»Das ist vielleicht ein Gefühl«, sagte sie. »Das erste Mal in meinem Leben war ich richtig krank, bin jetzt zum Nichtstun gezwungen, und alles ist anders.«

Ich lächelte:»Hoffentlich drehst du jetzt nicht durch wie ein Mixer, dem man bei laufendem Motor die Schneebesen festhält.«

Gail schmunzelte und bat mich: »Erzähl doch mal. Was hast du letztes Jahr gemacht?«

»Ach, was soll ich erzählen? Alles wiederholt sich.«

Gail fing an zu kichern und sagte: »Ja, ich weiß. Du führst ein megaödes Leben.«

»Erzähl du mir lieber, was sich in Afrika abgespielt hat.

Warum du nur noch das Ticket hattest und keinen Pfennig in der Tasche.«

»Nun gut. Wie ich dir geschrieben hatte, bin ich von Sydney nach Kairo abgeflogen. Ich war guter Dinge und hatte genug Geld für die Reise gespart. Zuerst wollte ich mir Ägypten anschauen und dann weiter nach Marokko, Tunesien und Israel. Aber in Kairo war meine Reise fast schon zu Ende, bevor sie überhaupt richtig begonnen hatte. Gleich nach der Ankunft war ich nämlich mein Geld und meine Reiseschecks schon los. Ich stand in einem total überfüllten Bus, und als ich ihn verließ, merkte ich, daß mir jemand den Bauchgurt geklaut hatte.«

»Wie das denn?«

»Muß beim Schieben in dem Gedränge passiert sein. Man hat mir einfach den Gurt durchgeschnitten. Zum Glück hatte ich noch etwas Geld im Brustbeutel, wo ich auch meine Papiere und das Ticket verstaut hatte.«

»Wie kann man nur so dämlich sein?!« schimpfte ich. »Das ist doch nicht das erste Mal, daß man uns beklaut hat, aber du scheinst nichts daraus gelernt zu haben. Warum hast du nicht das meiste Geld im Brustbeutel aufbewahrt? Also wirklich! Ich war nur einmal so blöd, in Innsbruck. Da hatte ich mein ganzes Geld, das ich kurz vorher verdient hatte, in einer einzigen Geldbörse. Einmal und nie wieder!«

»Ja, warum habe ich es nicht in meinem Brustbeutel aufbewahrt? Wäre irgendwie logischer, nicht wahr?« erwiderte Gail, verwundert über die Tatsache, daß das wirklich das Nächstliegende gewesen wäre.

Ich schüttelte lachend den Kopf: »Ich kann mir wirklich nicht vorstellen, daß es noch ein menschliches Wesen auf der Welt gibt, das leichtsinniger und dämlicher ist als du. Aber sollte es tatsächlich noch eins geben, dann ist es ohne Zweifel mit dir verwandt.«

Gail lachte schallend und sagte: »Ich weiß, ich weiß. Aber das nächste Mal passiert mir das nicht wieder.«

»Dein Wort in Gottes Ohr!« stöhnte ich. »So, und wie ging's weiter?«

»Naja, dachte ich, ein bißchen Geld habe ich ja noch, und die Botschaft ist schließlich auch noch da.«

Ich lächelte und sagte: »Sicherlich bist du bei deiner Botschaft schon bekannt wie ein bunter Hund.«

»Ich habe dann zwei Tage in einem der billigsten Hotels geschlafen. Ich sage dir, Renate, das war die Hölle. Unentwegt klopften Männer an meine Tür und fragten, ob sie mir irgendwie ›helfen‹ könnten. Ich hatte solche Angst, daß ich sogar mein Bett vor die Tür stellte, damit ich in Ruhe schlafen konnte. Nach zwei Tagen hatte ich die Nase gestrichen voll und entschied mich für den Gang nach Canossa, zur Botschaft. Ich hoffte, daß sie mir wieder aushelfen würden, damit ich die Zeit bis zum nächsten Rückflug in einem vernünftigen Hotel überbrücken konnte.

Das Problem war nur, daß der Rückflug nicht nach Hause, sondern für London gebucht war, und zwar ein halbes Jahr später. Ich hoffte, sobald wie möglich einen freien Platz in einem der nächsten Flüge zu bekommen, was nach meinen Erfahrungen kein Problem hätte sein dürfen. Tja, und dann sah ich diesen Kanadier, der gerade aus einem richtigen Nobelhotel kam, und fragte ihn, ob er wüßte, wo sich die australische Botschaft befand. Wir kamen ins Gespräch, und er lud mich erst mal zum Essen ein. Dabei erzählte ich ihm, was mir in den Tagen zuvor passiert war, und er bot mir seine Hilfe an. Er war auch gerade erst in Kairo angekommen und war durch etliche afrikanische Länder gereist. Nun, um eine lange Geschichte kurz zu machen: Ich nahm seine Hilfe gerne an. Er meinte es ehrlich, hatte keine falschen Absichten. Also zog ich in sein Hotelzimmer ein, und schon am nächsten Tag erwischte mich der nächste Malaria-Anfall.«

»Das verstehe ich nicht. Ich denke, in Ägypten hat man die Malaria längst ausgerottet?«

»Hat man auch. Aber in Indonesien nicht.«

»Hä?« machte ich.

»Ach ja! Das habe ich ganz vergessen. Bevor ich von Sydney nach Kairo flog, war ich mit meiner Freundin noch für eine Woche in Indonesien gewesen. Sie hatte eine Reise für zwei Personen gewonnen und lud mich ein. Nun, und da habe ich mir das wahrscheinlich weggeholt, denn zwei Tage vor meinem Abflug nach Kairo bekam ich meinen ersten Anfall. Aber ich dachte nur an eine schwere Grippe. Einen Tag später ging es mir wieder gut. Ich fühlte mich nur ziemlich erschöpft.«

»Meine Güte! Du hast vielleicht eine Pferdenatur. Du hättest draufgehen können.«

»Das habe ich auch gedacht, nachdem du mich abgeholt hast. So schlecht ist es mir in meinem ganzen Leben noch nicht gegangen.«

Die folgenden Tage flogen nur so dahin, und schon stand das Wochenende wieder vor der Tür. Ich fragte Gail: »Du, ich möchte morgen gern zum Gottesdienst gehen. Hast du vielleicht Lust, mitzukommen?«

Gail prustete los und schüttelte sich vor Lachen. Ich guckte sie nur an und wartete ab. »Dein Humor ist einfach köstlich«, sagte sie lachend. »Beinahe hätte ich dir geglaubt.«

»Ich habe keinen Witz gemacht«, sagte ich.

Abermals fing Gail an zu lachen. Ich schaute sie nur an.

»Nein!« rief sie erschrocken aus. »Sag, daß das nicht wahr ist! Los! Sag, es ist nicht wahr!«

»Es ist wahr, Gail. Ich habe die Bibel gelesen und möchte mich, so gut es geht, danach richten.«

»Nein«, sagte sie wieder, und ich sah, wie ihr die Tränen kamen.

Ich verstand überhaupt nichts mehr und fragte: »Warum weinst du?«

Gail konnte nicht gleich antworten, doch nach einer Weile sagte sie: »Ich will von Gott nichts wissen! Er hat meine Familie kaputtgemacht, hat alles zerstört, was mir als Kind so wichtig war.«

»Wie bitte?!«

»Nun gut, ich will dir mal etwas erzählen. Du weißt

doch, daß ich mich mit meinem Vater nicht mehr verstehe und daß meine Mutter meinen Bruder, meinen Vater und mich einfach im Stich gelassen hat. Mein Vater war Christ und hatte sich eines Tages in meine Mutter verliebt. Sie hatte mit dem Glauben nichts am Hut. Trotzdem heirateten die beiden. Aber die Ehe war eine Katastrophe, weil mein Vater meine Mutter andauernd bekehren wollte. An allem hatte er etwas auszusetzen und hielt meiner Mutter täglich vor, wie unbiblisch dieses oder jenes wäre, bis ihr der Kragen platzte und sie das Unbiblischste tat, was eine Frau nach Meinung meines Vaters tun konnte: Sie verließ ihn und uns und fing ein neues Leben mit einem anderen Mann an. Glaube mir, das habe ich bis heute nicht verkraftet, obwohl ich meine Mutter gut verstehen kann. Manchmal denke ich, daß ich deshalb in der Weltgeschichte herumreise.«

»Hm«, machte ich. »Aber was hat denn Gott mit der ganzen Sache zu tun?«

»Na hör mal! Wenn mein Vater nicht so fanatisch gewesen wäre, hätte die Ehe glücklich werden können.«

Ich stöhnte und sagte: »Das glaubst du doch selbst nicht, oder? Die beiden haben doch von Anfang an nicht zusammengepaßt. Paß mal auf! Nehmen wir mal an, du stehst auf einem Tennisplatz und willst spielen. Plötzlich kommt jemand daher und sagt: ›Kann ich mitspielen?‹ Du nickst, doch anstatt eines Schlägers holt der Mann einen Fußball hervor und bolzt auf dem Tennisplatz herum. So wie ich dich kenne, würdest du ihn sonstwohin jagen, oder?«

Gail lächelte und sagte: »Mit Sicherheit. Aber ich verstehe nicht, was das mit meinen Eltern zu tun hat.«

»Nun, mit deinen Eltern ist genau das passiert. Deine Mutter wollte Tennis spielen und befand sich auf dem dazu vorgesehenen Platz. Dein Vater wollte aber Fußball auf dem Tennisplatz spielen, und obwohl er gewußt haben muß, daß das nicht geht, hat er vielleicht gedacht: Irgendwann wird sie mit mir Fußball spielen. Und deine Mutter glaubte: Eines Tages wird er wohl merken, daß man auf dem Tennisplatz nicht Fußball spielen kann. Irgendwann wird er den Fußball zur Seite legen und den Schläger in die Hand nehmen.«

»Willst du damit sagen, daß ein Christ nie einen Nichtchristen heiraten sollte?«

»So würde ich das nicht formulieren. Aber ich denke, daß ein Christ, der einen Nichtchristen heiraten will, niemals denken sollte, daß der Partner durch die Ehe ein Christ wird. Wenn ich einen Ungläubigen heirate, liebe ich ihn ja als das, was er ist, das heißt als Ungläubigen. Ich liebe den Mann, der er jetzt ist, und nicht den, der er in meinen Augen sein sollte. Dein Vater hat deine Mutter nicht geliebt, wie sie war, sondern wie er sie haben wollte. Das mußte doch schiefgehen. Aber Gottes Schuld war das sicherlich nicht.«

Gail schwieg für ein paar Minuten, dann sagte sie: »Nein, Gott hat damit wirklich nichts zu tun. Die beiden hätten einfach nicht heiraten sollen.« Sie hatte auf einmal einen ganz traurigen Blick und fragte: »Aber wie können wir dann Freunde bleiben? Eine Christin und eine Heidin! Das paßt doch auch nicht!«

»Aber eine Ehe kannst du doch nicht mit einer Freundschaft gleichsetzen! Sagen wir es mal so: Ich könnte keinen Mann heiraten, der nicht an Gott glaubt. Ganz einfach aus dem Grunde, weil ich Jesus nachfolgen will. Wenn man verheiratet ist, sollte der Partner in dieser Beziehung schon mitziehen, denn sonst wird aus der Nachfolge wohl nicht viel werden. Aber du wirst mich als Freundin nicht daran hindern können, Jesus nachzufolgen. Ich kann dir aber auch versprechen, daß ich nicht versuchen werde, eine Christin aus dir zu machen. Ich bin sowieso der Meinung, daß man sich nur selbst bekehren kann und nicht einer den anderen. Allerdings mußt du mir versprechen, daß du mich nicht auf die alte Bahn zurückbringen willst. Solange wir zusammen sind, hat jeder den Glauben des anderen zu respektieren, klar?«

»Klar!« sagte sie strahlend.

»Das bedeutet aber auch, daß ich mit dir keine Lamm-
koteletts mehr klauen werde.«

Gail lachte und sagte: »Macht nichts! Dann klaue ich
halt deine Portion mit.«

»Die du dann aber alleine essen mußt«, konterte ich.

»Das fängt ja gut an«, stöhnte sie gespielt verzweifelt.

Ich schmunzelte nur und war froh, daß Gail auf Gott
nicht mehr böse war.

Am Sonntag ging ich also allein in den Gottesdienst, und
mit der Zeit lernte ich die Gemeinde immer besser kennen.
Liz, Mike, Gail und dem Leutnant erzählte ich immer, was
ich erlebt hatte, und sie hörten alle ganz gern zu. Sogar der
Leutnant fing an, sich mit dem Gedanken anzufreunden,
daß aus einer Agentin eine »fromme« Agentin geworden
war, und meinte, er könne damit leben, solange ich meine
Arbeit nicht vernachlässigte.

Eines Abends erzählte ich, daß demnächst in unserer
Kirche ein Konzert stattfinden sollte. Ein berühmter englischer Sänger, den ich gar nicht leiden konnte, würde auch
kommen. »Die Schnulzen, die der singt, sind doch einfach
zu blöde«, sagte ich.

Liz schaute mich mit tellerrunden Augen an und fragte:
»Der?! Wann kommt er? Da muß ich unbedingt hin! Was?!
Christ soll der auch sein? Renate, da muß ich hin! Den
wollte ich schon immer mal live erleben. Kannst du für Mike und mich . . . Gail, willst du auch mit?«

Gail nickte und sagte: »Find ich gut, den Typen!«

»Also, du hast es gehört, Renate. Drei Karten mehr«,
sagte Liz.

»Das gibt es doch nicht!« stellte ich verwundert fest.
»Dieser Typ hat sie doch nicht mehr alle! Was der für einen
Schrott singt!«

Gail guckte mich schelmisch an: »So solltest du über deinen ›Bruder‹ aber wirklich nicht reden.«

»Das finde ich auch!« sagte Liz. »Und da du der unro-
mantischste Mensch bist, den ich kenne, wundert es mich

überhaupt nicht, daß du dich über seine Lieder lächerlich machst.«

Mike grinste mich an, und ich dachte mir meinen Teil.

»Also, besorgst du drei Karten mehr?« fragte Liz.

»Nein«, antwortete ich lachend.

Verdutzt schaute sie mich an.

Ich erklärte: »Der Eintritt ist frei.«

Liz konnte es nicht glauben: »Willst du uns jetzt auf den Arm nehmen?«

»Nein, nein. Es kostet wirklich nichts, denn euer Star tritt mit einigen anderen auf, die auch kein Geld für ihre Auftritte nehmen.«

»Das gibt es doch nicht! Weißt du, was eine Karte für ein Live-Konzert mit diesem Mann kosten würde? Ist das wirklich wahr? Es kostet uns kein einziges Pfund?«

»Es ist wahr. Würde es etwas kosten, bliebe ich zu Hause, denn ich würde keinen Penny für den Typen zahlen.«

Liz lachte und schlug vor: »Dann bleib doch hier.«

»Das möchte ich nun auch nicht, denn ich bin neugierig auf die anderen.«

Ein paar Tage später war der große Moment gekommen. Eigentlich war es kein reines Konzert, denn der Star des Abends sang nicht nur, sondern erzählte auch, wie er Christ geworden war. Gail, Liz und Mike waren davon ziemlich beeindruckt. Die anderen Sänger kamen ebenfalls an, und auch sie erzählten ein wenig aus ihrem Leben. Nur einer kam nicht an: Ein Missionar, der in den Regenwäldern Lateinamerikas arbeitete. Für ihn war Christsein Freude, Freude und nichts als Freude. Hunderttausendmal sagte er das, und ich glaubte ihm kein Wort.

Nach dem Konzert gingen wir schweigend nach Hause. Erst als wir es uns im Wohnzimmer gemütlich gemacht hatten, unterhielten wir uns über den Abend. Liz sagte: »Abgesehen von dem Missionar war ich von allen sehr beeindruckt. Man konnte spüren, daß es echt und ehrlich war.«

Gail nickte zustimmend, und Mike meinte: »So etwas

sollten wir in unserer Kirche auch mal machen, Mama. Da können die Leute sogar lachen.«

»Ja, Mike. Wir können das ja mal unsern Priestern vorschlagen. Was hältst du davon?«

Mike strahlte, und ich war glücklich, daß es für alle ein gelungener Abend gewesen war.

Eine der Aufgaben meiner Gemeinde bestand darin, Obdachlosen eine Unterkunft zu beschaffen. Man versuchte, Wohnungen oder Zimmer für sie zu finden oder nahm sie bei sich zu Hause auf. Die Gemeinde bestand aus einer ziemlich gemischten Gesellschaft. Arbeiter und Akademiker, Angestellte und sogar ein Parlamentsmitglied gehörten dazu. Wir hatten aber auch Knackis und Fixer, Alkoholiker und andere »Problemkinder«. Damals wußte ich noch nicht, daß ich mit der Wahl dieser Gemeinde einen richtigen Glückstreffer gelandet hatte. Hier wurde die Bibel nicht nur gelesen, hier wurde sie gelebt. Ich hielt das für normal, denn schließlich machte das meiner Meinung nach einen Christen aus. Jahre später mußte ich dann entsetzt feststellen, daß es tatsächlich Gemeinden gibt, die die Bibel nur lesen.

England ist für westeuropäische Verhältnisse ein relativ armes Land, und die Obdachlosigkeit war damals schon erschreckend hoch. In der Gemeinde hatte man erkannt, daß ein Obdachloser ohne Hilfe und Beziehungen nie eine Wohnung bekommen würde, selbst wenn genügend davon vorhanden wären. Einen ehemaligen Obdachlosen nahmen Vermieter äußerst ungern. Wir versuchten, wenigstens stückweise zu helfen, und hatten nicht gerade wenig Erfolg. Viele Vermieter gaben Obdachlosen nur deshalb eine Wohnung, weil die Kirche dahinterstand und nicht selten für die Obdachlosen bürgte.

Es dauerte gar nicht lange, da hatte ich meinen Platz in der Gemeinde gefunden. Unsere Gruppe bestand aus acht Leuten, die es sich zur Aufgabe gemacht hatte, auf dem freien Wohnungsmarkt nach passablen Unterkünften zu suchen. Da Liz etliche Kontakte zu Haus- und Hotelbesitzern hatte und ich sie von der Sache überzeugen konnte, half sie mir dabei. Sie sprach mit den Besitzern, arrangierte Treffen und trug so dazu bei, daß wir einige Leute unterbringen konnten.

Wenn ich bedenke, mit welch einem geringen Arbeitsaufwand man Leuten helfen kann, bin ich immer wieder erstaunt. Mein Aufwand betrug zwei mal vier Stunden in der Woche, die jeder in der Gruppe aufbrachte, und zwar neben der 40-Stunden-Woche, die man sowieso zu absolvieren hatte. Wer seine Gemeinde liebt, sieht acht Stunden Extraarbeit nicht als notwendiges Übel an, sondern hat Spaß daran.

Ich liebte diese Gemeinde sehr, ja ich war Feuer und Flamme für sie. Natürlich hatte sie auch Fehler. Sie war nicht vollkommen, und manchmal gab es Streit und Ärger. Aber durch die intensive Gemeinschaft, die man untereinander pflegte, hatte man gelernt, vernünftig zu streiten. Hier war man in der Lage, gegensätzliche Ansichten einfach stehenzulassen. Man respektierte die Meinung des anderen und versuchte erst gar nicht, ihm seine Meinung »aufzudrücken«.

Wie wichtig der Kontakt zwischen den einzelnen Gliedern auch außerhalb der Gottesdienste und Gruppen ist, erkennt man nämlich ganz besonders dann, wenn es mal zum Streit kommt. Kennt man sich nur oberflächlich und weiß nichts vom Leben und den Sorgen der anderen, dann kann man sich auch nicht mit ihnen streiten, weil man sie und ihre Argumente nicht versteht. Rechthaberei ist meistens alles, was dabei herauskommt.

Ich jedenfalls habe für mich erkannt, daß ich nur das lieben kann, was ich kenne. Eine Gemeinde kennen bedeutet für mich deshalb viel mehr, als sich nur vor und nach jeder kirchlichen Veranstaltung guten Tag und auf Wiedersehen zu sagen. Ich kann mich auch nur mit den Leuten streiten, die ich kenne, und ich setze mich am liebsten für Leute ein, zu denen ich eine persönliche Beziehung habe.

Einmal wollte die Gemeinde einen Samstag gemeinsam verbringen, und ich fragte Gail: »Willst du mitkommen? Auch Heiden sind zugelassen.« Dabei muß ich wohl gegrinst haben wie ein Honigkuchenpferd.

»Ja, mal gucken, was diesmal so abläuft. Habe mit Gott zwar nichts am Hut, aber schließlich seid ihr ja auch nur Menschen, wenn auch irgendwie bedauernswert«, konterte sie.

Wir verbrachten den Tag in der Gemeinde mit Klönen, Essen und Diskussionen. Daß Christen, wie andere Leute auch, nichts Besseres sind, daß es unter ihnen auch verschrobene Typen gibt, wie in jeder anderen Gesellschaft, sollte Gail sofort erfahren, denn auf einmal kam ein junger Mann auf uns zu und sprach Gail an: »Ich habe dich die ganze Zeit beobachtet.«

Gail wußte nicht, was sie darauf antworten sollte, und schaute ihn nur an.

»Und ich bin überzeugt, daß du die Frau meines Lebens bist«, sagte er in einem feierlichen Ernst.

Gail biß sich auf die Unterlippe. Sie wußte nicht, ob sie lachen oder weinen sollte.

»In Jesu Namen bitte ich dich nun, meine Frau zu werden.«

Gail fing an zu lachen und sagte: »Bist du auch wirklich sicher, daß ich die Richtige für dich bin?«

»Ja, ich habe keine Zweifel«, sagte er ernst.

»Und woher weißt du das so genau?« bohrte sie weiter.

»Jesus hat es mir gerade gesagt. Er hat gesagt, daß ich dich zur Frau nehmen soll.«

»Mein Gott«, dachte ich nur.

»Hm«, machte Gail. »Ich hoffe, er hat dir auch gesagt, daß ich nicht an Gott glaube.«

Der junge Mann wurde ganz bleich und zog dann ziemlich verwirrt ab.

Gail hatte richtig Mitleid mit ihm und murmelte: »Armer Tropf! Wenn du ein Heide wärst, dann wäre dir das jetzt nicht passiert.«

Ich kam nicht umhin, über ihre Bemerkung zu schmunzeln.

Die Tage darauf zog sich Gail immer mehr zurück. Irgend etwas schien ihr durch den Kopf zu gehen, aber ich merkte sofort, daß sie nicht darüber reden wollte. So ließ ich sie in Ruhe und dachte nur: »Lieber Gott, laß mich noch erleben, daß Gail irgendwann an dich glaubt und dir vertraut. Daß es dich gibt, weiß sie meiner Meinung nach, aber sie traut dir nicht über den Weg. Kann man ja auch verstehen, wenn man solche Klappstühle als Eltern hat wie sie, nicht wahr?«

Nach diesem Gespräch machte ich mir keine Sorgen mehr. Ich glaubte felsenfest, daß Gott sich schon um Gail kümmern würde. Ja, selbst wenn er fünfzig Jahre dazu brauchen würde: Der Tag, an dem sie an Gott glauben konnte, würde schon kommen.

Das Hotel hatte inzwischen eine Menge Gäste bekommen. Ich arbeitete jetzt hier abends; zum einen, weil auch Gail von meinem Geld leben mußte, zum andern, weil ich mir noch etwas zur Seite legen wollte. Ich hatte nämlich vor, wieder nach Schweden zu fahren, wenn meine Zeit hier zu Ende ging. Dann wollte ich Birgitta in Stockholm und Lillemor in Restenäs besuchen. Die Arbeit im Hotel, an der Rezeption, war reine Routine, denn ich hatte die Jahre zuvor schon öfters mal ausgeholfen.

Eines Abends saß ich mit Gail, Mike und Liz im Büro, das sich direkt hinter der Rezeption befand. Wir machten es uns gemütlich, denn es war ein ruhiger Abend. Mike erzählte von der Schule, und Liz erzählte uns ein paar Anekdoten von Gästen. Wir lachten uns fast tot. Plötzlich klingelte das Telefon. Phil, ein junger Mann aus der Gemeinde, fragte mich, ob ich Lust hätte, mit ihm Snooker zu spielen. Snooker ist so was Ähnliches wie Billard. Man spielt nur auf einem weitaus größeren Tisch, mit anderen Regeln und mehr Bällen. Ich spielte dieses Spiel leidenschaftlich gern und fragte Liz, ob sie mir für den Rest des Abends freigeben könnte, denn ich hatte gerade Dienst. Sie nickte, und Phil war schon auf dem Weg, mich abzuholen.

Gail grinste mich an und sagte: »Ist Phil nicht der Mann, dem du das letzt Mal nicht von der Seite gewichen bist, als wir gemeinsam in der Kirche waren? Der aussieht wie Robert Redford und mindestens dreimal so viel Charme hat wie der?«

Als Liz das hörte, bekam sie mal wieder tellerrunde Augen und sagte: »Was, so etwas läuft auch in der Kirche rum?!«

Ich stöhnte, denn für Liz war Robert Redford *der* Mann überhaupt. Ich dagegen war voller Skepsis gegenüber Männern, die zu gut aussahen. Außerdem trug ich das unerschütterliche Vorurteil in mir, daß Männer, die wissen, wie gut sie aussehen, meistens arrogant sind. Und wer es ganz genau wissen will: Robert Redfords Gesicht hatte mich noch nie beeindruckt.

Als Phil zur Tür hereinkam, starrten Liz, Gail und sogar Mike ihn so an, daß er lächelnd fragte: »Möchten Sie ein Autogramm?«

Ich mußte unweigerlich loslachen. »Phil, das sind Gail und Liz, und das ist Mike, der Sohn von Liz.« Dann schaute ich die drei an und sagte: »Darf ich vorstellen? Robert Redford.«

Phil fing an zu lachen, und Gail und Liz schauten mich mit wütenden, hochroten Gesichtern an. Es war köstlich.

Phil war in der Gemeinde in meiner Arbeitsgruppe. Er war Krankenpfleger, und wir verstanden uns prima. An diesem Abend führte mich Phil in einen Club von Snookerspielern. England ist regelrecht überschwemmt von derartigen Etablissements. Es gibt beinahe für alles einen Club. Phil war ein exzellenter Spieler, und ich konnte nicht einen Frame gewinnen.

»Du spielst verdammt gut. Ich würde wahrscheinlich Jahre brauchen, um dich wenigstens einmal zu schlagen«, sagte ich, als wir den Club wieder verließen.

»Leider bleibst du ja nicht so lange, oder?«

»Nun ja, ich denke, daß ich im Mai wieder abreise.«

»Eigentlich könntest du auch bleiben, oder?«

»Für immer sicherlich nicht.«

»Und warum nicht?«

»Ach, Phil, was hätte ich hier verloren?«

»Aber du fühlst dich doch wohl hier. Warum mußt du wieder weg?«

»Warum, warum. Kann ich auch nicht sagen. Denke eben, daß vier, fünf Monate genug Zeit sind, um an einem Ort zu bleiben.«

Phil stöhnte und gab es auf, mir noch weitere Fragen zu stellen. Er brachte mich ins Hotel zurück und fragte: »Hast du am Wochenende schon etwas vor?«

»Wenn das Wetter so bleibt, dann fahre ich nach Ashford.«

»Was willst du denn da?«

»Fallschirmspringen.«

Phil schaute mich an, als ob ich nicht ganz dicht in der Birne wäre, und ich sagte: »Ja, ja, ich weiß. Ich habe Epilepsie. Aber ich sage dir, der Sport ist viel ungefährlicher, als du glaubst. Er ist nämlich überhaupt nicht gefährlich. Ich liebe Fallschirmspringen, weil ich es wahnsinnig schön finde, zur Erde zu schweben, umgeben von einer Ruhe, die man sich kaum vorstellen kann.«

»Hm! Du siehst die Dinge halt manchmal anders«, sagte er trocken und lächelte mich an.

»Ich rufe dich am Montag an, okay?«

»Würde mich freuen«, sagte er.

Kaum hatte Phil das Hotel verlassen, stürzten Liz und Gail aus dem Büro, postierten sich wie eine geschlossene Mauer vor mir und grinsten mich an.

»Ihr habt doch nicht etwa gelauscht?« fragte ich.

»Nein, wir haben nur alles mitangehört.«

Ich schüttelte lächelnd den Kopf.

»Du bist ein hoffnungsloser Fall! Merkst du denn gar nichts?! Wie konntest du nur seine Bitte abschlagen?« rief Liz.

»Hä? Wie? Was für eine Bitte?«

»Na, er hat dich doch gefragt, was du am Wochenende machst«, sagte Gail.

»Ja, aber wenn ich nicht total bescheuert bin, dann war das eine Frage und keine Bitte.«

Die beiden sahen mich voller Mitleid an, und Gail sagte: »Du bist nicht nur bescheuert, du bist so intelligent wie ein Handtuch.«

Ich mußte lachen. »Manchmal glaube ich, daß ihr mich unter die Haube bringen wollt.«

»Aber was hast du denn gegen die Ehe?« fragte Liz.

»Ich? Ich habe nichts gegen die Ehe. Weiß Gott! Aber ich habe etwas gegen Depressionen«, antwortete ich grinsend und ließ die beiden einfach stehen.

Das Wochenende in Ashford tat mir gut. Ich lernte nette Leute kennen und konnte mal abschalten. Am Sonntag abend war ich wieder zu Hause und fand Gail in unserem Zimmer auf dem Bett liegen. Sie lächelte mich an und fragte: »Na, wie war's?«

»Schön, und was hast du gemacht?«

»Gestern habe ich mit Mike stundenlang Backgammon gespielt. Wir hatten gerade mit dem Spielen aufgehört, da lief mir der Leutnant über den Weg und wollte unbedingt mit mir reden. Zuerst war ich ganz überrascht, denn er behandelte mich diesmal ausnahmsweise nicht wie einen Staatsfeind. Er bemängelte allerdings meine lasche Haltung, denn er meinte, ich müßte doch so langsam mit dem Training anfangen, jetzt, wo ich eine der ihren geworden sei. Als ich ihm dann erklärte, daß ich noch zu kaputt sei, aber sobald es ginge, das Training aufnehmen würde, schüttelte er nur mit dem Kopf und sagte, daß ich sofort anfangen solle, denn es bliebe keine Zeit mehr. Er sagte das so, als besitze er streng geheime Informationen, von denen ich keine Ahnung hätte.«

Ich freute mich und sagte: »Jetzt hat er dich angenommen.«

»Und was bedeutet das?«

»Nun, er wird deine Sachen nicht mehr durchwühlen, um nach irgendwelchen Beweisen zu suchen. Bald kriegst du deinen ersten Auftrag – wahrscheinlich wollte er deshalb, daß du dich fit machst –, und er wird dich wie einen Busenfreund behandeln«, erklärte ich.

Gail stöhnte: »Na, das kann ja heiter werden.«

»Und was hast du heute gemacht?« fragte ich.

»Heute ging es mir erbärmlich, denn ich habe mir den Magen verdorben. Seit ein paar Stunden geht es wieder, aber ich denke, daß ich noch ein bißchen vorsichtig sein muß.«

»Wieso? Was hast du denn gegessen?«

»Fish and Chips.«

Ich zog die Augenbrauen hoch, denn der Arzt hatte ausdrücklich betont, daß Gail unbedingt auf leichte Kost achten sollte, weil sie sich ja auch eine Darminfektion zugezogen hatte. Er meinte, es würde eine Zeit dauern, bis die Darmflora sich wieder regenerierte. Mit Fish and Chips war das allerdings nicht möglich.

»Was soll's«, sagte ich. »Kann dich ja verstehen. Hat es denn wenigstens geschmeckt?«

»Und wie! Oh, Renate, ich hatte diese sogenannte leichte Kost so satt. Ich mußte einfach mal was Stinknormales essen.«

Ich lächelte und sagte: »Und es mußte unbedingt Fish and Chips sein, beides in drei Tage altem Fett gegart, mit Öl durchtränkt, und womöglich war der Fisch auch nicht mehr das, was man frisch nennt.«

»Auf alle Fälle habe ich es genossen, und die Qual danach habe ich schon fast wieder vergessen«, sagte sie.

Es klopfte, und Mike kam herein. Er fragte, ob seine Mutter für uns mitkochen sollte. Wir schüttelten beide den Kopf.

»Dann müssen wir ja heute abend alleine essen«, stellte Mike enttäuscht fest.

Ich reagierte nicht, holte nur mein Schreibzeug hervor und wollte mich damit in ein anderes Zimmer verkrümeln, wo ich ungestört arbeiten konnte.

»Was machst du heute abend?« fragte Mike.

»Schreiben.«

»Und dann?«

»Mich umbringen, falls ich wieder von jemandem gestört werde.«

»Und danach?«

»Weiß ich noch nicht.«

Mike und Gail fingen an zu lachen, aber sie hatten's kapiert, und ich konnte den ganzen Abend in Ruhe schreiben.

Am Montag wachte ich sehr früh auf. Ich hatte kaum fünf Stunden geschlafen und war trotzdem putzmunter. Die vergangenen Wochen gingen mir nicht aus dem Kopf, und ich dachte: »Lieber Gott, ich finde, die ersten Monate mit dir waren gar nicht mal so schlecht. Obwohl sich mein Leben nicht gerade verändert hat, spüre ich, daß sich trotzdem etwas tut. Von der Gemeinde habe ich viel lernen können, und ich fühle mich da wohl. Liz, Gail und Mike haben sich an meinen Sinneswandel gewöhnt und sind sogar etwas neugierig geworden. Aber wenn ich ehrlich bin, dann möchte ich dich fragen, ob du nicht mehr zu bieten hast? Ich meine, ich will alles, was der Glaube zu dir auch nur im entferntesten bedeuten könnte.«

Ich stand auf und ging ins Bad. Danach ging ich in die Küche, deckte den Tisch und bereitete das Frühstück vor. Als der Tisch gedeckt, Kaffee, Tee und Toast fertig waren, wollte ich Liz und Mike wecken, die aber in demselben Augenblick schon zur Tür hereinkamen. Ich wünschte ihnen einen guten Morgen, sagte, sie sollten sich setzen, und fragte, ob jemand Bacon and Eggs wollte. Daraufhin kam Liz auf mich zu und sagte mit einer gespielt traurigen Stimme: »Uns kannst du es doch sagen. Du hast nicht mehr lange zu leben, nicht wahr?«

Ich muß vielleicht erwähnen, daß es seit tausend Jahren das erste Mal war, daß ich das Frühstück für die beiden zubereitet hatte.

Mike grinste mich an, und ich lachte nur. Während wir frühstückten, sagte Liz: »Du, ich mache mir Sorgen um

Gail. Sie ist so schweigsam geworden, und außerdem finde ich, daß sie körperlich noch ganz schön klapprig ist. Eigentlich müßte sie doch langsam wieder auf die Beine kommen, nicht wahr?«

»Hm! Vielleicht kann ich sie ja dazu überreden, noch einmal zum Arzt zu gehen. Ich glaube aber eher, daß sie in einer Krise steckt. Wir müssen nur aufpassen, daß sie nicht depressiv wird, wenn man das überhaupt verhindern kann. Sie grübelt nämlich zuviel. Es könnte auch sein, daß sie sich einfach nutzlos vorkommt. Sie kann nicht arbeiten, fühlt sich krank und ist es auch noch. Das ist auf die Dauer halt zermürbend. Vielleicht sollte ich sie fragen, ob sie mal mit mir zur Arbeit geht, damit sie etwas Abwechslung hat.«

»Das ist eine gute Idee. Dann sieht sie mal was anderes und kommt mal raus«, sagte Liz.

»Nun, ich frage sie heute abend.«

Als ich ins Reisebüro kam, saß mein Chef über einem Berg von Papieren und teilte mir mit: »Nachher kommt ein junges Ehepaar, das nach Marokko will. Können Sie denen ein paar Tips geben?«

»Das wird schon gehen. Ich war zwar erst einmal da, aber wenn die Leute nur in einem stinknormalen Hotel wohnen wollen und auch noch Fish and Chips bestellen, wird das wohl kein Problem sein.«

»Sie sagen es«, meinte er lächelnd.

»Können Sie mir mal verraten, warum diese Leute fremde Länder besuchen, wenn sie sich sowieso nur in der Sperrzone des Hotels aufhalten? Diese Art von Erholung kann ich doch auch dreißig Kilometer außerhalb Londons haben.«

»Es ist ein Unterschied, ob man seine Runden in einem Swimmingpool schwimmt, der in Marokko steht, oder ob man das gleiche in seinem eigenen Land tut.«

»Und was ist das für ein Unterschied?«

»Der Preis«, sagte er lächelnd.

Eine halbe Stunde später kam das Ehepaar. Ich kann

mich nur noch daran erinnern, daß ich sie begrüßte, dann fand ich mich auf dem Sofa unseres Frühstücksraumes wieder. Das erste, was ich sah, war das Gesicht meines Chefs. Er lächelte mich an und fragte: »Geht's jetzt wieder?«

Ich nickte, und er fragte: »Warum haben Sie mir nichts davon erzählt?«

»Wovon?«

»Na, daß Sie epileptische Anfälle haben.«

»Na ja, die letzte Zeit hatte ich die Dinger oft in der Nacht, und ich dachte, daß das erst mal so bleibt.«

Mein Chef schüttelte den Kopf und sagte: »Und um Ihren Job hatten Sie auch Angst, nicht wahr?«

»Na ja.«

»Wissen Sie, mir brauchen Sie nichts zu erzählen. Mein Sohn hat die gleiche Krankheit, nur wünschte ich, er wäre auch so unternehmungslustig wie Sie.«

»Ihr Sohn hat das auch? Dann haben Sie doch sicher keinen Krankenwagen bestellt, oder?«

»Nein, nein. Aber mich traf der Schlag, als es passierte. Ich kann es einfach nicht fassen! Sie haben Grand-mal-Anfälle und reisen in der Weltgeschichte herum. Sie müssen verrückt sein.«

»Das sind wir Epis doch auch«, grinste ich.

Mein Chef lächelte. Ich sagte: »Schwamm drüber«, und wollte aufstehen. In dem Moment spürte ich einen gemeinen Schmerz im Schultergelenk: »Autsch!«

»Tut Ihnen was weh?« fragte er besorgt.

»Ja, mein Arm oder die Schulter. Ich weiß nicht genau.«

»Zeigen Sie mal her«, sagte er, nahm meinen Arm und drehte ihn in sämtliche Richtungen. Als er das hundertmal wiederholt hatte, sagte ich: »Wenn Sie meinen Arm noch weiter drehen, kann ich ihn gleich als Briefbeschwerer hierlassen.«

Er lachte, ließ endlich meinen Arm los und sagte: »Gebrochen ist da bestimmt nichts. Wahrscheinlich haben Sie sich eine Zerrung zugezogen. Wie auch immer: Für heute ist es genug. Gehen Sie nach Hause und ruhen Sie sich aus.«

»Ja, geht das denn? Normalerweise erhole ich mich ziemlich schnell von einem Anfall, aber dieser hat mich wirklich geschafft.«

»Kein Problem. Ruhen Sie sich aus. Ich bestelle ein Taxi, denn ich möchte nicht, daß Sie jetzt zu Fuß nach Hause gehen.«

Als das Taxi kam, sagte ich: »Vielen Dank! Bis morgen.«

»Bis morgen, und machen Sie sich keine Sorgen. Ich werfe Sie nicht raus.«

Erleichtert schaute ich ihn an und ging.

Der Traum

Gail lag auf dem Bett und las, als ich ins Zimmer kam: »Du bist schon da?«

»Ich hatte einen Anfall und habe deshalb für den Rest des Tages freibekommen.«

Gail guckte mich besorgt an und sagte: »Du arbeitest jetzt morgens und abends. Das wird zuviel.«

»Mach dir keine Sorgen, Gail. Mehr als acht Stunden kommen da auch nicht zusammen.«

»Ja, aber du bist nicht gesund.«

»Gail, ich bin okay. Die Anfälle habe ich auch, wenn ich nicht arbeite, wie du weißt.«

»Ich weiß, doch wenn du zuviel tust, hast du mehr.«

Ich stöhnte und sagte: »Das stimmt zwar nicht, aber wenn mir die Arbeit über den Kopf wächst, höre ich trotzdem auf. Hör du lieber auf, dir ein schlechtes Gewissen zu machen, weil du von meinem Geld lebst. Es kommen auch mal wieder Zeiten, da bin ich auf dein Geld angewiesen. Glaube mir, ich bin froh, daß ich dir auch mal helfen kann.«

Gail sagte nichts, sondern starrte nur vor sich hin.

»Was ist eigentlich noch los? Mit dir stimmt doch was nicht! So langsam bekomme ich richtig Angst um dich, und Liz macht sich auch schon Sorgen.«

Gail druckste herum, blätterte eine ganze Zeit in ihrem Buch herum, bis sie endlich mit der Sprache herauskam: »Du hast keine Angst vor dem Tod, nicht wahr?«

»Wie kommst du denn darauf?«

»Hast du?«

»Ja, und wie!«

»Hm!«

»Ich kann mir gut vorstellen, daß dir die Muffe eins zu tausend gegangen ist, als du so krank warst. Hast gedacht, du müßtest sterben, stimmt's?«

Sie nickte, ihre Augen füllten sich mit Tränen, und sie sagte: »Und du hast auch Angst um mich gehabt! Ich habe schon immer gewußt, daß wir gute Freunde sind, aber so richtig bewußt wurde mir das erst auf dem Flughafen.« Gail fing an zu weinen, und ich mußte schlucken.

»Du hast mich das erste Mal in den Arm genommen und so richtig gedrückt. Sonst hast du dich immer nur von mir drücken lassen, und das auch nicht ganz freiwillig.«

»Du meine Güte!« dachte ich. »Dieses Thema scheint in der ganzen Welt von einer immensen Wichtigkeit zu sein.«

Ich mußte lachen und sagte: »Nun, bei Sterbenden können mir schon mal solche Anwandlungen kommen. Ich mache also auch Ausnahmen. Hätte ich aber gewußt, wie sehr du übertreibst, wäre mir das nicht passiert. So, und nun komme doch bitte zur Sache. Du hattest also Angst, daß du sterben müßtest. Die hast du auch jetzt noch, oder?«

»Ja«, sagte sie.

»Hm! Hast du Angst, daß du auch heute, ich meine, jetzt sterben könntest? Oder ist es mehr die Angst vor dem Tod an sich, weil dir jetzt erst bewußt wurde, daß du wie jeder andere mal sterben mußt?«

»Das Letzte«, sagte sie. »Aber ist das nicht ein Ding?! Da lebt man schon vierundzwanzig Jahre auf dieser Welt und weiß jetzt erst, daß der Tag kommt, an dem man selbst auch dran ist. Das beschäftigt mich halt.«

Ich atmete erleichtert auf und sagte: »Die Bewußtlose ist endlich zu Bewußtsein gekommen.«

»Hä? Bewußtlos, Bewußtsein! Fängst du langsam an zu spinnen?«

Ich sagte: »Na ja, ich habe die blöde Angewohnheit, die Leute in Bewußte und Unbewußte einzuteilen. Die Bewußtlosen sind für mich diejenigen, denen nie so richtig klar wurde, daß sie auch mal sterben müssen, weil ihnen nie richtig bewußt wurde, daß sie leben. Erst wenn der Mensch sich seiner selbst bewußt wird, fragt er nach dem Sinn seines Lebens und des Lebens überhaupt.«

Für mich war klar: Gott hatte mein Gebet schon ein

Stück weit beantwortet, denn Bewußtsein erreicht man nach meiner Meinung nicht aus eigener Kraft. Man bekommt es von Gott geschenkt. Es ist ohne Zweifel ein Stück Gnade, das Gott einem zuteilwerden läßt, damit man überhaupt in der Lage ist, ihn zu suchen.

»Hm«, machte Gail. »Willst du damit sagen, daß ich vierundzwanzig Jahre im Koma gelegen habe?«

»So ungefähr, oder ist dir jemals bewußt gewesen, daß du lebst und daß du sterben mußt?«

Gail schüttelte den Kopf: »Heute kommt es mir so vor, als hätte ich nur existiert. Ich war eben da, wie Millionen andere Menschen halt auch auf dieser Erde da sind. Aber was fange ich jetzt mit meinem Bewußtsein an?«

»Finde heraus, was für dich der Sinn des Lebens ist. Jeder muß die Wahrheit selbst suchen, muß seinen eigenen Weg gehen. Ich kann dir die Wahrheit nicht erzählen, kann sie dir nicht zeigen. Du mußt sie selbst finden.«

»Was ist denn die Wahrheit für dich?«

»Gott, denn er ist die Wahrheit selbst.«

»Du mit deinem Gott«, maulte sie.

Ich grinste nur. »Hast du Lust, morgen mit mir zur Arbeit zu gehen? Ich denke, das wäre eine nette Abwechslung«, sagte ich nach einer Weile.

»Nein, Renate. Ich bin noch so müde, so kaputt. Später vielleicht.«

»Gut, aber vielleicht möchtest du mir morgen beim Kochen helfen. Liz, Mike und der Leutnant haben sich ein deutsches Essen von mir gewünscht. Ich werde etwas kochen, was dir auch bekommt.«

»Na, da bin ich aber gespannt. Wie ist die deutsche Küche eigentlich?«

»Auf alle Fälle besser als die englische, wenn auch nicht die beste«, erwiderte ich.

»Ich kann ja für dich die Zutaten einkaufen gehen«, schlug Gail vor.

»Das wäre toll«, sagte ich.

»Ach, ja! Das hätte ich beinahe vergessen. Phil war heute

morgen hier und hat das für dich abgegeben«, sagte Gail und reichte mir einen Umschlag.

»Nanu!« entfuhr es mir. Ich öffnete neugierig den Umschlag. »Habe zwei Konzertkarten für Tschaikowskis Klavierkonzert Nr. 1 in b-moll op. 23; Allegro non troppo – Andantino und Allegro con fuoco, Ouvertüre solonelle und so weiter. Kommst du mit?«

»Und ob!« dachte ich und lief gleich zum Telefon.

»Du sollst ihn im Krankenhaus anrufen!« rief Gail hinterher. Was ich auch tat.

Dann ging ich wieder ins Zimmer, und Gail fragte: »Bist du verliebt?«

»Bist du verrückt?« sagte ich lachend. Erschöpft ließ ich mich aufs Bett fallen, denn ich spürte den vergangenen Anfall immer noch.

Bald danach schlief ich auch schon und hatte dabei einen Traum: Mike saß in seiner Schuluniform in der U-Bahn und hielt sich den Bauch. Er hatte Schmerzen. Schweißperlen standen ihm auf der Stirn. Irgendwann stand er auf und stieg an einer ganz anderen Station aus als sonst. »Was will er denn in Brixton?« dachte ich im Traum. Er setzte sich auf eine Bank und mußte sich kurz danach übergeben.

Nun ging es ihm wieder besser, und er stand auf, um zurück in die U-Bahn zu gehen und endlich nach Hause zu fahren. Doch plötzlich stand ich vor ihm und sagte: »Komm, Mike. Heute fahren wir mit dem Taxi nach Hause.« Mike schaute mich erstaunt an und fragte: »Wie kommst du denn hierher?« Ich zuckte nur mit den Achseln und setzte mich mit dem Jungen in ein Taxi.

Als ich erwachte, war ich schweißgebadet. Ich setzte mich auf und sah Gail. Sie guckte mich an: »Was hast du geträumt? Du hast im Schlaf geweint.«

»Komisch«, sagte ich. »Ich habe Mike in der U-Bahn gesehen, und ich habe ein schreckliches Gefühl in mir.«

»Kommt das vielleicht von dem Anfall?« fragte sie.

»Hm! Möglich, nur wäre es das erste Mal. Nein, das glaube ich nicht. Egal! Ich gehe erst mal duschen.«

Ich stand wie blöd unter der Dusche. Dieses merkwürdige Gefühl ließ mich nicht mehr los. Ich konnte es einfach nicht verdrängen. »Lieber Gott«, dachte ich. »Was ist mit mir? Dieses Gefühl tut richtig weh.«

Nach dem Duschen suchte ich Liz, konnte sie jedoch nicht finden. Ich ging zum Leutnant und fragte: »Wissen Sie, wo Mrs. P. ist?«

»Sie kommt in etwa einer halben Stunde wieder.«

»Leutnant, können Sie mir sagen, wann Mike heute Schulschluß hat?«

»Um drei Uhr.«

»So früh?«

»Ja, ich habe zufällig mitbekommen, daß die letzte Stunde ausfällt.«

Ich schaute auf die Uhr: viertel vor drei. »Leutnant, ich gehe noch mal in die Stadt.«

»Was ist denn los? Sie sind ja ganz blaß.«

»Ich weiß auch nicht. Mir ist ein wenig flau. Muß mal frische Luft schnappen.«

Ich ging zur nächsten U-Bahn-Station und dachte: »Was machst du eigentlich?«

Dann drehte ich mich um und wollte ins Hotel zurückkehren, was mir gar nicht bekam. Mit jedem Meter, den ich zurücklegte, wurde ich ängstlicher. Ich blieb stehen: »Lieber Gott, was soll ich tun? Nur weil ich geträumt habe, daß Mike in Brixton gelandet ist, bin ich total von der Rolle. Das ist doch alles Quatsch!«

»Geh Mike holen!« dachte ich.

Dieser Gedanke drang so durch meinen Körper, daß es mir wehtat. Ich rannte los und fuhr direkt nach Brixton. Mike fand ich sofort. Er war leichenblaß und schaute mich erstaunt an: »Was machst du denn hier?«

Ich brachte keinen Ton heraus, starrte ihn nur an und dachte: »Das gibt es doch nicht!«

Nach einer Weile hatte ich mich von meinem Schock erholt und fragte: »Sag du mir lieber, was du hier zu suchen hast.«

»Ich habe in der Schule Bauchweh bekommen und bin eine halbe Stunde eher nach Hause gegangen. Aber in der Bahn wurden die Schmerzen so schlimm, daß ich nicht aussteigen konnte. Als es mir etwas besser ging, bin ich hier ausgestiegen und mußte brechen. Ich wollte gerade zurückfahren.«

Mike hatte öfters Probleme mit seinem Bauch. Er war ein sensibler Junge und nahm sich alles so zu Herzen, was ihm dann auf den Magen schlug.

»Hast du dich geärgert?«

Mike nickte traurig.

Ich setzte mich zu ihm und sagte: »Spuck's aus!«

»Papa hat mich nicht lieb.«

»Wie kommst du denn darauf?«

»Er ist jetzt schon so lange weg und hat noch nicht mal eine Postkarte geschrieben.«

»Was sagt denn deine Mama dazu?«

»Mama hat gesagt, daß Papa mich doch lieb hat.«

»Und?«

»Das kann ich nicht glauben, denn dann hätte er geschrieben oder angerufen.«

»Mike, ich weiß nicht, was ich sagen soll. Weiß nicht, wie ich dir helfen kann. Leider ist es in dieser Welt so, daß viele Kinder in unschönen Familienverhältnissen aufwachsen. Aber sag mir, bist du denn so unglücklich?«

Mike wischte sich ein paar Tränen aus dem Gesicht und sagte: »Heute ja, denn ich mußte andauernd an Papa denken. Eines Tages kommt er nämlich nicht mehr zurück.«

»Woher weißt du das?«

»Bevor er nach Indien flog, hat er das zu seinem Freund gesagt. Papa wußte nicht, daß ich das gehört habe. Er glaubte, daß ich mit Mama in der Küche war.«

»Hast du das deiner Mutter erzählt?«

»Nein.«

»Warum nicht?«

»Weil sie dann wieder weint.«

»Mein Gott«, dachte ich. »Was müssen Kinder alles aushalten?«

Zu dem Jungen sagte ich: »Mike, wenn ich dir nur helfen könnte! Du bist jetzt zehn Jahre alt, und es wäre dumm von mir, einfach zu behaupten, daß dein Vater dich trotz allem liebt. Ich weiß es nicht. Aber deine Mutter hat dich lieb, ich liebe dich, und Gott liebt dich auch.«

Mike schaute mich an und sagte: »Ich habe dich auch lieb. Ganz doll.«

Ich war gerührt und mußte ein paarmal schlucken.

»Aber warum macht Gott dann nicht, daß Papa mich und Mama liebt? Wenn er mich wirklich liebhat, dann könnte er mir doch diesen Wunsch erfüllen, oder?«

»Das könnte er schon, aber dann müßte dein Vater das auch wollen. Gott kann deinen Vater nicht zwingen, euch zu lieben, denn dann wäre es ja keine ehrliche Liebe. Aber ich kann dir versprechen, daß Gott dich auch dann liebt, wenn dieser Wunsch von dir nicht in Erfüllung geht. Weißt du, mit Gott ist das eine ganz komische Sache. Er benutzt nicht selten Probleme und Schwierigkeiten dazu, daß die Menschen ihm näherkommen. Betest du manchmal?«

»Ja, aber nur, wenn es mir schlecht geht.«

»Siehst du! Hast du jetzt verstanden, was ich meine?«

»Nicht ganz«, sagte er.

»Mike, versuch es doch mal andersrum. Wenn du dich über etwas freust, dann sag auch das dem lieben Gott. Und wenn deine Wünsche nicht in Erfüllung gehen, dann bitte ihn, daß er dich trotzdem glücklich macht. Schau mal: Ich wäre zum Beispiel gerne wieder ganz gesund. Aber zur Zeit soll das wohl nicht so sein. Trotzdem bin ich glücklich und zufrieden. Natürlich bin ich das nicht immer, aber ich sage dir, Mike, ohne Gott wäre ich schon am Leben verzweifelt.«

Mike guckte mich an und sagte: »Ich kann ihm ja mal sagen, daß ich ganz froh bin, daß ich Mama noch habe.«

»Das ist eine tolle Idee. Ich wette, je öfter du mit ihm redest, desto erträglicher wird deine Situation. Eines Tages wirst du es nicht nur glauben, sondern auch merken, daß Gott dich liebt und dich nie im Stich läßt. Du bist nicht allein, Junge. So, und jetzt will ich dir noch etwas sagen: Wenn du der Meinung bist, daß du das deiner Mutter nicht erzählen willst, was du von deinem Vater gehört hast, geht das in Ordnung. Obwohl ich mir nicht sicher bin, ob das nicht aus falscher Rücksichtnahme geschieht. Vielleicht wäre es ja doch besser, daß du ihr das erzählst.«

»Nein, Mama macht sich dann ganz viele Sorgen. Bitte, bitte, bitte, erzähle ihr das nicht«, bettelte er.

»Gut, wenn du das so willst. Aber falls dein Vater mal auf die Idee kommt, daß er mit dir allein nach Indien fahren will, um Urlaub zu machen, dann mußt du deiner Mutter alles erzählen. Versprichst du mir das?«

»Ja, aber nur dann.«

»In Ordnung! So, und jetzt laß uns nach Hause fahren. Was macht dein Bauch?«

»Tut gar nicht mehr weh.«

»Schön«, sagte ich und stand auf. »Wir fahren heute mit dem Taxi nach Hause.«

»Mit dem Taxi? Das ist viel zu teuer, Renate.«

»Junge, heute ist mir das egal«, sagte ich und winkte ein Taxi heran.

Auf dem Weg nach Hause versuchte ich zu begreifen, was geschehen war. Aber ich konnte es nicht und dachte: »Jesus, du weißt, warum sich das alles so ereignet hat. Ich kapiere zwar nichts, aber was soll's?«

Wir waren mitten in den Feierabendverkehr geraten. Zu allem Übel waren etliche Polizei- und Krankenwagen im Einsatz. Mike schaute besorgt auf die Uhr und sagte: »Wenn wir mit der Bahn gefahren wären, dann wären wir jetzt längst zu Hause. Mama wird sich Sorgen machen.«

Irgendwann wurde mir die Sache dann zu blöd, und ich sagte zu dem Fahrer, daß er anhalten solle. Ich bezahlte und wir stiegen aus. »Zu Fuß kommen wir das letzte Stück schneller voran«, sagte ich zu Mike.

Kaum hatten wir das Hotel betreten, sahen wir Liz. Sie starrte uns an, als ob wir mit einem Ufo angekommen wären. Sie hatte wohl gerade das Haus verlassen wollen, denn sie stand im Mantel vor uns. Mike und ich blieben wie angewurzelt stehen, denn wir spürten, daß irgend etwas passiert war. Plötzlich brach es aus Liz heraus. Sie nahm Mike in die Arme, weinte, schluchzte und sagte immer wieder: »Mike, Mike, mein Junge, mein Sohn.«

Gail und der Leutnant kamen die Treppe heruntergerannt. Gail fiel mir sofort um den Hals und fing ebenfalls an zu heulen. Selbst der Leutnant verlor die Fassung und ließ die Tränen laufen. Kaum hatte Gail mich losgelassen, kam Liz auf mich zu, drückte und küßte mich und sagte: »Wie hast du das nur gemacht?«

Mike und ich wußten immer noch nicht, wie uns geschah. Wir guckten uns nur verdattert an. Als die Heulerei endlich ein Ende hatte, fragte ich: »Könnt ihr uns bitte aufklären: Was ist denn mit euch los?«

Gail, Liz und der Leutnant guckten uns ganz erstaunt an und sagten nichts. Einen Augenblick später erklärte der Leutnant: »Auf dem Bahnhof ist eine Bombe hochgegangen, und weil Mike dort immer umsteigt und noch nicht zu Hause war, da haben wir gedacht, daß . . .« Weiter kam er nicht. Er kämpfte mit den Tränen, entschuldigte sich und zog sich zurück.

Mike guckte mich mit großen Augen an und sagte: »Und du wolltest ein Taxi nehmen. Man gut, daß du kein Geld sparen wolltest.«

Ich war schlicht überwältigt, riß den Jungen hoch und lachte ihn an. Mike quiekte vor Vergnügen, bis ich ihn wieder auf den Boden setzte. Nun standen Liz und Gail verdattert da und wußten nicht, wie sie das alles verstehen sollten.

»Was haltet ihr davon, wenn ich zum Abendessen Curry mache und wir dann alle gemeinsam essen und einer den anderen aufklärt? Ich kapiere nämlich gar nichts mehr«, sagte Liz.

»Eine hervorragende Idee, Liz. Ich brauche nur an Curry zu denken und habe schon zwei Pfund zugenommen«, sagte ich.

Alle lachten, und Liz sagte: »Renate, geh nach oben und lade den Leutnant auch ein.«

»Mach ich.« Ich ging sofort die Treppe hinauf, klopfte und öffnete die Tür: »Leutnant, wir möchten, daß Sie heute mit uns zu Abend essen. Kommen Sie?«

»Ja, gern! Aber über den Vorfall werden wir noch reden müssen«, sagte er streng.

Ich stöhnte und sagte: »Ja, aber nicht heute.«

Wahrscheinlich würde er mir die nächsten Tage vorhalten, daß es meine Aufgabe gewesen wäre, den Bombenanschlag zu verhindern. Dabei wäre es total zwecklos, ihm klarzumachen, daß die IRA dahintersteckte und nicht die Deutschen. Ich ging auf mein Zimmer, setzte mich auf mein Bett und fing an zu heulen. Die Nerven gingen einfach mit mir durch. Zuviel Aufregung die letzte Zeit!

Als ich mich ausgeheult hatte, dachte ich: »Das glaubt dir kein Mensch. Wenn ich beim Abendessen erzähle, daß ich von Mike geträumt habe, halten mich alle für verrückt. Lieber Gott, tu mir das nicht an!«

Wir saßen alle gespannt am Tisch und warteten auf Liz' Curry. Indische Curry-Gerichte unterscheiden sich sehr von den gängigen europäischen. Das europäische Gewürz Curry wird bei indischen Curry-Gerichten überhaupt nicht verwendet. Die Inder gebrauchen dafür ihre eigene Gewürzmischung. Natürlich beherrschte Liz die indische Küche genausogut wie ihr Mann, und wir konnten es kaum noch erwarten. Zuerst brachte sie die Fladen herein, dann kamen die Soßen, die so scharf waren, daß es einem die Schuhe auszog, und zum Schluß brachte sie das Curry-Gemüse und Fleisch. Während Liz auftrug, stampften wir mit den Füßen, was Freude und Dank ausdrücken sollte. Liz strahlte und hatte ganz rote Wangen.

Wir schlemmten schon eine ganze Weile, als Liz Mike bat, zu erzählen. Nun, er erzählte, wie wir uns getroffen hatten, erwähnte aber kein Wort von unserem Gespräch. Dabei sah er mich noch einmal bittend an, wohl zur Erinnerung, daß ich nichts sagen sollte. Als Mike zum Schluß kam, schauten mich alle an und wollten natürlich wissen, was ich dort suchte und warum ich das Taxi bevorzugt hatte. Ich traute mich nicht, auch nur ein Wort über den Traum zu sagen, und forderte Liz auf, daß sie erst mal erzählen sollte.

»Nun, ich kam nach Hause und kochte mir einen Tee. Ich schaltete das Radio an, hörte ein wenig Musik und lag dabei faul auf dem Sofa. Als ich dann die Nachrichten hörte, war ich zuerst wie gelähmt. Ich konnte es nicht glauben, wollte es einfach nicht wahrhaben. Kurz danach kam der Leutnant heraufgestürzt und schaute mich nur an. Zuerst wußte ich nicht, wo mir der Kopf stand, hatte nur noch die letzten Worte im Ohr: Tote und Verletzte. Mike wird nicht zu den Verletzten gehören, redete ich mir ein, und ihm wird nichts . . .« Liz Stimme fing an zu zittern, und sie konnte nicht weiterreden.

»Dann hat sie sich den Mantel angezogen und wollte zum Bahnhof«, fuhr der Leutnant fort.

»Ja«, sagte Liz, »und dann seid ihr zur Tür hereingekommen. Aber nun erzähl du uns mal, was du in Brixton zu suchen hattest, und warum ihr das Taxi genommen habt.«

Ich stopfte mir schnell noch einen Bissen Curry in den Mund, um Zeit zu schinden. Mir fehlte einfach der Mut, ihnen diese unglaubliche Geschichte zu erzählen. Gail schaute mich an und sagte: »Ist das nicht komisch? Heute mittag hast du noch von Mike geträumt.«

»Stimmt das?« fragte Liz.

Ich nickte und kaute langsam und bedächtig mein Curry durch. Also ehrlich: So lange habe ich noch nie einen Bissen durchgewalkt wie an diesem Abend!

Plötzlich sagte Mike strahlend: »Das hat bestimmt alles Gott gemacht. Er wollte nicht, daß ich mir weh tue. Mama, heute rede ich im Bett ganz, ganz lange mit ihm.«

Wir waren gerührt von Mikes selbstverständlicher Schlußfolgerung und von der Freude, mit der er sie ausdrükken konnte.

Liz sah mich an und fragte: »Du willst nicht darüber reden, nicht wahr?«

Ich schüttelte den Kopf: »Mike hat recht, und alles andere ist doch unwichtig.«

Liz schüttelte den Kopf und sagte: »Ob ich jemals aus dir schlau werde?«

Diese Geschichte habe ich bis heute niemandem erzählt, aber über die Jahre hinweg habe ich erkannt, daß Gott hin und wieder durch Träume zu mir spricht.

Als ich im Bett lag, war ich fix und fertig und dachte: »Du wirst alt, du kannst nichts mehr ab!«

Gail war offensichtlich glücklich. Immer wieder strich sie sich über den Bauch und sagte: »Das Curry war ausgezeichnet, und mein Magen scheint es auch zu vertragen.«

Ich fing an zu kichern und sagte: »Du liegst da wie Moritz. Fehlt nur noch die Hähnchenkeule im Mund!«

»Wer ist denn Moritz?«

»Max und Moritz sind zwei böse Buben aus einer Kindergeschichte. Haben ganz irre Sachen gemacht, die beiden. Zum Beispiel haben sie einmal einen kleinen Steg angesägt, damit ihr blöder Lehrer, der immer über diesen Steg ging, ins kalte Wasser fiel. Aber leider hat sie eines Tages der Bäcker geschnappt und sie einfach in den Ofen gesteckt, damit sie kein Unfug mehr machen konnten.«

»Das ist eine Geschichte für Kinder?« fragte Gail.

»Ja, wieso?«

Gail lachte: »Irgendwie habt ihr Deutschen doch was Radikales an euch, oder?«

»Kann schon sein. Wenn ich zum Beispiel an den Struwwelpeter, auch eine Kindergeschichte, denke, dann ging es da ziemlich derbe ab. Einem Daumenlutscher wurden einfach die Daumen abgeschnitten – dann brauchte er sich das gar nicht mehr abzugewöhnen –, und ein Junge ist verhungert, weil er keine Suppe mochte und die Eltern zu faul waren, ihm was Vernünftiges vorzusetzen. Ein anderer Junge ist beinahe in einem Fluß ersoffen, weil er lieber den Himmel betrachtete, als auf den Boden zu sehen. Im Struwwelpeter gab es nur Tote und Schwerverletzte.«

Gail lachte sich halbtot und sagte: »Ihr Deutschen scheint in jeder Hinsicht kurzen Prozeß zu machen.«

Als ich Gail so da liegen sah, wie sie lachte und sich freute, dachte ich: »Nun geht es wieder aufwärts mit ihr. Bald ist sie wieder ganz die alte.«

»Schlaf gut, Gail«, sagte ich.

»Du?«

»Mach schnell, ich bin schon fast bewußtlos.«

»Sag mir eins: War es Zufall, oder war es Gott, daß Mike jetzt gesund im Bett liegt?«

»An derartige Zufälle glaube ich nicht, Gail.«

»Gute Nacht, Renate.«

»Gute Nacht.«

Das Fußballspiel

Am nächsten Tag fragte mich mein Chef, ob ich nicht mal mit seinem Sohn sprechen wollte.

»Was soll ich ihm denn sagen?«

»Nun, seitdem er unter Anfällen leidet, verkriecht er sich nur noch. Er hat einfach Angst. Sein Studium hat er total vernachlässigt. Er hängt die meiste Zeit vor dem Fernseher und versauert so langsam.«

»Wie lange hat er denn schon Anfälle?«

»Seit zwei Jahren. Er hatte einen Motorradunfall.«

Ich stöhnte: »Die Reha-Zentren sind voll von ehemaligen Motorradfahrern. Möchte gern mal wissen, wie viele Epileptiker diese Maschinen pro Jahr erzeugen.«

»Wahrscheinlich unzählige. Mein Sohn hatte trotz allem Glück. Außer den Anfällen hat er keine bleibenden Schäden davongetragen. Seine Intelligenz hat auch nicht abgenommen, aber er hat keinen Mut mehr zum Leben. Es ist zum Verrücktwerden, denn er ist so gut eingestellt, daß er das letzte Vierteljahr nur einen Anfall hatte.«

»Donnerkeil! Das würde ich mir wünschen. Bei mir nützen die Tabletten kaum noch etwas, und es kracht jede Woche.«

»Was?!« sagte er erschrocken.

»Ja, leider.«

»Mein Gott, wie können Sie damit nur leben?«

»Wie Sie sehen, ganz gut. Sie glauben gar nicht, was man mir schon alles prophezeit hat. Normalerweise müßte ich mit heraushängender Zunge und verdrehten Augen herumlaufen und mit Dreißig meinen Löffel abgeben«, sagte ich lächelnd.

Mein Chef schüttelte mit dem Kopf: »Ihren Humor wünsche ich meinem Sohn. Trotzdem: Ich finde, Sie sind ganz schön arm dran.«

»Lieber arm dran als Arm ab«, dachte ich und mußte lachen.

»Warum lachen Sie?«

»Vergessen Sie's, ich habe gerade in meiner Muttersprache gedacht und könnte das schwer übersetzen. Aber was ich sagen will, ist, daß ich nicht arm dran bin. Nur in Deutschland ist es so, denn dort habe ich mit dieser Krankheit keine Chance.«

»Das habe ich auch schon gehört. Das haben Sie Hitler zu verdanken, denn der hat Ihrem Volk weisgemacht, daß Epileptiker geistesgestört und gefährlich seien. Ihr werdet zwar nicht mehr vergast, aber die Vorurteile haben sich über Generationen festgesetzt.«

»Woher wissen Sie das denn?« fragte ich erstaunt.

»Ich bin mal mit meinem Sohn in einem Selbsthilfeverein für Epilepsiekranke gewesen. Die sind international informiert, und Deutschland steht in der Toleranz gegenüber solchen Kranken an letzter Stelle. Schweden steht an Nummer 1.«

»Ich weiß, ich weiß«, stöhnte ich.

»Und? Wollen Sie mal mit meinem Sohn reden?«

»Ehrlich gesagt, glaube ich kaum, daß das viel nützen würde, und was könnte ich ihm schon sagen? Ich denke einfach, daß er mehr Zeit braucht. Wie lange ist er denn schon aus dem Krankenhaus raus?«

»Über ein Jahr. Als er entlassen wurde, blieb er noch ein paar Monate zu Hause, bis er wieder anfing zu studieren. Doch nach ein paar Wochen ging er zu keiner Vorlesung mehr, hörte auf zu lernen und ließ sich einfach gehen.«

»Manchmal muß man sich gehenlassen, damit es weitergehen kann. Die Angst, die er hat, finde ich ganz normal, die hatte ich anfangs auch. Man glaubt, daß man sich bei jedem Schritt die Knochen brechen könnte, meint, daß die Anfälle nur darauf warten, einen zu Boden zu werfen. Es ist eine erbärmliche Angst, die in jede Faser des Körpers dringt. Doch eines Tages überwindet man sie, weil man einfach keine andere Wahl hat. Irgendwann kapiert man, daß man sehr wohl ein normales Leben führen kann. Wie auch immer: Wenn es Sie beruhigt, kann Ihr Sohn mich ja mal zum Essen einladen. Aber nur, wenn er das will. Was Sie wollen, ist in dieser Sache uninteressant.«

Er schaute mich an und sagte: »Ich werde ihn natürlich nicht zwingen. Das kann ich auch gar nicht. Aber ich werde ihm ein paar Dinge von Ihnen erzählen und fragen, ob er Sie nicht mal kennenlernen will.«

»Gut«, sagte ich.

Den Tag darauf teilte mir mein Chef mit, daß sein Sohn mich nicht treffen wollte. Er sagte mir das mit einem so kummervollen Gesicht, wie ich es selten bei einem Menschen gesehen hatte. Die Sorge um seinen Sohn war wohl sehr groß und lastete schwer auf ihm. Ich sagte, daß sein Sohn wahrscheinlich gedacht hätte, sein Vater wolle ihn mit einem »besseren Beispiel« konfrontieren, und das sei das letzte, was er zur Zeit gebrauchen könne. Mein Chef stöhnte, meinte aber, er wolle versuchen, seinen Sohn erst mal so anzunehmen, wie er zur Zeit eben sei.

Sonntag. Dieser Tag war wirklich eine Attraktion. Nach dem Gottesdienst feierte unsere Gruppe mit Tom ein kleines Jubiläum. Tom war seit seiner Entlassung aus der Entziehungskur schon zwei Monate clean. Zwei Monate sind nicht viel, aber ich denke, man sollte nicht immer nur Rückfälle bejammern, sondern auch kleine Erfolge feiern. Das macht den Abhängigen nämlich viel mehr Mut. Wie oft müssen sie sich von gewissen Klugscheißern sagen lassen: »Zwei Monate! Komm in zehn Jahren wieder, und wenn du dann noch clean bist, dann hast du wirklich einen Grund zum Feiern.« Solche Leute bringen mich auf die Palme.

Tom strahlte, als wir in einer gemütlichen Runde zusammensaßen. Er wohnte bei einem Ehepaar, das ihn damals aufnahm, weil er keine Wohnung mehr hatte. Hier in der Gemeinde wurde etwas getan, weil man sich lieb hatte.

Einmal in der Woche wurde für Tom offiziell gebetet. Außerdem beteten wir dafür, daß nicht nur an einigen Orten, sondern in ganz Großbritannien die Abgabe von Drogen auf Rezept erlaubt werden würde. Wer mit Drogensüchtigen zu tun hat und sich vor der Realität nicht verschließt, weiß, daß das der einzige Weg sein kann, um Abhängigen zu ein bißchen mehr Menschenwürde zu verhelfen. Manche Leute, die gegen die Abgabe auf Rezept sind, sagen dagegen: »Dann kann sich ja jeder seine Drogen auf Rezept abholen!« So ist das natürlich nicht gedacht.

In der Nähe von Liverpool hat man damals ein Projekt gestartet, bei dem Drogensüchtige ihr Heroin vom Arzt bekamen. Methadon war noch gar nicht im Gespräch. Der Erfolg konnte sich nach einigen Jahren sehen lassen: Beschaffungskriminalität gab es kaum noch, die Süchtigen waren in einer weitaus besseren gesundheitlichen Verfassung und standen nicht mehr unter dem ungeheuren seelischen Druck, der sich jeden Tag aufs neue einstellt, wenn man nicht weiß, wo man das Geld für den nächsten Fix herkriegen soll. Die Zahl der Neueinsteiger ging zurück. Die Verbreitung von Aids brauchte man bei solchen Leuten dann auch nicht mehr zu fürchten, weil die Männer und Frauen nicht mehr gezwungen waren, sich auf dem Strich anzubieten.

Mit der Abgabe auf Rezept würde man auch im Nu den Drogenmarkt zerschlagen. Jugendliche zu verführen und abhängig zu machen, würde sich für die Drogenmafia dann nicht mehr lohnen, da die Jugendlichen, wenn sie süchtig würden, zum Arzt gehen könnten und nicht bei den Dealern zu kaufen brauchten. Heutzutage kriegt man an jeder Ecke Drogen, und es ist einfach dumm zu glauben, daß es schwieriger ist, an das Zeug zu kommen, solange es verboten ist. Und noch etwas: Einen Drogensüchtigen vor die Wahl zu stellen, entweder clean zu werden oder jämmerlich zu verrecken an dem Dreck, den er kauft, ist unendlich grausam.

Ich halte es für erwiesen, daß die Leute, die ihre Drogen auf Rezept bekommen, viel eher bereit sind, ein suchtfreies Leben anzustreben, als die, die sich die Drogen illegal beschaffen müssen. Das ist ja auch nur logisch, denn wenn man kontinuierlich unter dem Druck steht, sich Stoff besorgen zu müssen, macht man sich über alles mögliche Gedanken, aber nicht über ein Leben ohne Stoff.

Die Widnes Klinik bei Liverpool gibt bis heute Drogen auf Rezept aus. Den Ärzten ist schnell klargeworden, daß Drogen auf Rezept Leben rettet und den Süchtigen die Menschenwürde zurückgibt.

Für das Konzert hatte ich mir extra neue Klamotten gekauft. Liz und Gail waren total von den Socken und nun felsenfest überzeugt, daß ich verliebt war. Ich lächelte nur; an ihrer Stelle hätte ich vielleicht dasselbe gedacht. Die meiste Zeit lief ich nämlich in Jeans und Pullis herum und machte mir nicht viel aus Kleidung.

Ich war nicht verliebt. Ich hatte in Phil nur einen Freund gefunden, mit dem ich hin und wieder meine Freizeit verbrachte und mit dem ich mich gut unterhalten konnte. Mit Männern konnte ich mich schon immer besser unterhalten als mit Frauen. Ich möchte behaupten, daß Männer ein größeres Vermögen haben, logisch zu argumentieren. Frauen bringen in Diskussionen zu oft ihre Gefühle mit ein, die dort meiner Ansicht nach nichts zu suchen haben. Jedenfalls kann ich mich mit Männern viel besser streiten als mit Frauen.

Als Phil mich abholte, strahlte er übers ganze Gesicht, und ich nicht minder. Liz und Gail wünschten uns einen schönen Abend, und ich spürte, wie sie sich freuten. Die Welt ist doch verrückt.

Nur Mike schaute ein wenig sauer drein. Der Junge war ein bißchen eifersüchtig und enttäuscht, weil er an diesem Abend mit mir Darts spielen wollte. Ich nahm ihn für einen Augenblick beiseite und sagte: »Nächstes Wochenende habe ich nur für dich Zeit.«

»Wirklich?«

»Wirklich! Lauf mal hoch in dein Zimmer. Da liegt etwas auf deinem Bett.«

Der Junge rannte hoch, und Liz schaute mich fragend an.

»Rate mal!« sagte ich nur und ging mit Phil hinaus.

»Was hast du dem Jungen denn aufs Bett gelegt?« fragte Phil.

»Zwei Karten für ein Fußballspiel mit Manchester United. Nächste Woche fahre ich mit ihm dorthin. Ist nämlich seine Lieblingsmannschaft.«

»Na, da wird er sich bestimmt riesig drüber freuen.«

»Ja«, sagte ich und stellte mir Mike vor, wie er jetzt jubeln und seiner Mutter, Gail und dem Leutnant die Karten zeigen würde. Was hatte ich den Jungen lieb!

Das Klavierkonzert war einfach herrlich. Die letzten Monate hatte ich keine Musik mehr gehört, die so wohltuend für meine Seele war wie diese. Klassische Musik beeinflußt mich auf eine heilsame Art. Jede Musik beeinflußt meine Stimmung auf eine negative oder positive Weise. Harter Rock zum Beispiel ist Gift für mich, weil er mich ungeheuer aggressiv macht.

Mike war die ganze Woche wie aus dem Häuschen. Die Tickets für das Heimspiel seiner Mannschaft hatten ihn außer Rand und Band gebracht, und er konnte es kaum noch erwarten. Liz freute sich sehr für ihn, war aber ein wenig besorgt, weil die englischen Fußballstadien nicht selten zu Schlachtfeldern wurden, auf dem sich die rivalisierenden Fan-Gruppen gegenseitig die Knochen kaputtschlugen.

Als wir am Abend vor dem Spiel alle zusammensaßen, machten Liz und der Leutnant noch besorgtere Gesichter.

»Macht euch bloß keine Sorgen! Es passiert doch nicht jedes Wochenende etwas. Außerdem habe ich mal gehört, daß die Leute in einem Stadion, wenn sie in Panik geraten, instinktiv nach unten rechts flüchten«, sagte ich.

Liz stöhnte und sagte: »So wie ich dich kenne, wirst du in diesem Fall meinen Sohn an die Hand nehmen und versuchen, nach oben links gegen die Masse anzulaufen. Das würde euer Martyrium natürlich gewaltig verkürzen.«

Gail, Mike und der Leutnant schütteten sich aus vor Lachen. Dabei hielt der Leutnant sich seinen dicken Bauch und schnappte nach Luft wie ein Karpfen.

»Was ziehst du eigentlich an?« fragte Liz ihren Sohn schmunzelnd und spielte auf seinen Lieblingspullover an, den er nur bei Fußballspielen anzog und der erst zwei Mal gewaschen worden war.

»Natürlich mein Lieblingsstück«, grinste Mike.

»Hol ihn doch mal her, damit ihn die anderen auch bewundern können.«

Mike präsentierte uns den Fetzen so stolz wie Oskar.

Liz mußte lachen, und wir konnten kaum glauben, was er da anhatte. Etwas Speckigeres, Schmuddeligeres, ja Dreckigeres hatte man selten gesehen.

»Kannst du das Ding überhaupt noch zusammenlegen, oder stellst du es nach dem Spiel in die Ecke?« fragte ich.

Gail wunderte sich: »Wie kommt es, daß das Ding nicht stinkt?«

Liz konnte sich kaum noch halten, wischte sich die Lachtränen weg und sagte: »Weil mein lieber Sohn das Ding immer aus seinem Fenster hängen läßt. Manchmal holt sich der Regen ein bißchen Dreck heraus, was der nächste Smog dann wieder gutmacht. Das Ding ist also immer an der frischen Luft.«

Der Leutnant lachte sich die Seele aus dem Leibe und sagte: »Mike, ich sage dir, wenn du diesen Fetzen über einem feindlichen Lager abwirfst, wird es gezwungen sein, zu kapitulieren.«

Das war zuviel des Guten! Wir konnten uns vor Lachen kaum noch halten und hatten schon Seitenstechen. Mike konnte seine Aufregung nicht mehr verbergen. Er war richtig zappelig, und an Schlafen war überhaupt nicht zu denken. Wir beschlossen, daß er erst ins Bett gehen mußte, wenn wir alle gingen. In diesem Zustand konnten wir von dem Jungen unmöglich verlangen, daß er allein ins Bett ging, während wir noch dasaßen und redeten.

Samstag nachmittag. Noch nie in meinem Leben war ich in so einem Hexenkessel gewesen. Das Stadion tobte.

Mike stieß wüste Drohungen aus, als einer seiner Lieblingsspieler gefoult wurde. So kannte ich den Jungen noch gar nicht. Die Lautstärke, das Gebrüll – für mich war das die Hölle! »Hier wird der Mensch zum Tier«, dachte ich, und es dauerte keine Viertelstunde, als auch ich zum Tier wurde. Ich feuerte mit Mike die Mannschaft an, schrie, stöhnte, sprang auf, setzte mich wieder und war längst ein Teil der Masse geworden. Hier verliert jeder sein Ego! Man wird mitgerissen, ohne sich richtig dagegen wehren zu können. Wer sich nichts unter Massensuggestion vorstellen kann, der gehe am besten in ein Fußballstadion.

Das Spiel war aus, Mike fiel mir um den Hals, Manchester hatte 2:1 gewonnen. Mike war so glücklich, daß ich mich fragen mußte, wie der Junge die verlorenen Spiele seiner Mannschaft je hatte verkraften, ja überleben können. Als Mike sich wieder gefangen hatte, sagte er: »Jetzt müssen wir schnell das Stadion verlassen, denn meistens prügeln sich nach dem Spiel ein paar Fan-Gruppen, und davor habe ich ein bißchen Angst.«

»Gut«, sagte ich. »Dann nichts wie raus hier.«

Als wir wieder zu Hause waren, umarmte Liz ihren Sohn, als ob er jahrelang verschollen gewesen wäre. Ich war müde und ging gleich aufs Zimmer. Gail lag im Bett und sagte: »Hallo, ich muß mit dir reden.«

»Was gibt's?«

»Ich möchte wieder arbeiten.«

»Dir fällt die Decke auf den Kopf, oder?«

»Kannste laut sagen.«

»Bist du dazu auch fit genug?«

»Ja.«

»Was hältst du davon, wenn du meinen Job hier im Hotel übernimmst? So langsam könnte ich nämlich auch eine Pause gebrauchen.«

»Das wäre toll!«

»Liz hat sicher nichts dagegen, und ich hätte dann etwas mehr Zeit für meine Schreiberei.«

Gail übernahm meinen Job und lebte mit der Zeit so

richtig auf. Uns fiel ein Stein vom Herzen, weil sie nun wieder ganz die alte war. Eines Abends saßen wir alle im Büro und redeten. Mike erzählte betrübt, daß er in der Schule eine Verwarnung gekriegt hatte, weil er, ohne zu fragen, die Jacke seiner Schuluniform ausgezogen und über den Stuhl gelegt hatte. Die englischen Privatschulen sind äußerst streng. Nach den Regeln dieser Schule hätte Mike erst um Erlaubnis bitten müssen, und dann hätte der Lehrer gefragt, wie viele Personen ebenfalls die Jacken ausziehen wollten. Die absolute Mehrheit war dabei entscheidend. Entweder mußten dann alle ihre Jacken ausziehen oder alle sie anbehalten. Liz winkte ab, als Mike das erzählte, und gab ihm zu verstehen, daß sie die Verwarnung nicht ernst nahm. Er sollte sich deshalb bloß keine Sorgen machen. Mike atmete erleichtert auf.

Plötzlich kam ein Gast, eine Frau, an die Rezeption. Gail verließ das Büro, um nach ihren Wünschen zu fragen. Die Frau war so um die Dreißig und hatte vor ein paar Stunden ein Bett in einem Dreibettzimmer gemietet. Das Hotel vermietete außer Einzel- und Doppelzimmern auch Mehrbettzimmer. Die Frau beschwerte sich, daß man eines der anderen Betten in ihrem Raum an eine Farbige vermietet hatte. Gail kapierte im ersten Moment gar nicht, um was es eigentlich ging, und fragte: »Und wo liegt das Problem?«

»Das ist ja wohl eine Zumutung!« antwortete die Frau daraufhin gereizt.

»Wieso? Ist die Frau nicht sauber?« fragte Gail, denn sie hatte immer noch nichts begriffen.

»Hören Sie mal gut zu! Ich teile mein Zimmer nicht mit Farbigen«, sagte die Frau nun sauer.

Jetzt erst kapierte Gail, doch sie blieb erstaunlich ruhig und fragte: »Was soll ich denn nach Ihrer Meinung nun tun?«

»Geben Sie mir ein anderes Zimmer«, forderte die Frau sie auf.

Gail holte das Gästebuch hervor und sagte: »Ihr Name ist W.?«

»Ja, ich liege auf Zimmer 14.«

»Und Ihr Vorname ist Betty, wie ich hier lesen kann. Ein schöner Name. Ich hatte mal eine schneeweiße Katze, die hieß auch Betty. Sie war ein Albino. Eines Tages bekamen wir neue Nachbarn, die hatten auch eine Katze, aber die war schwarz. Seit dieser Zeit jammerte und jaulte meine Katze ständig. Sie brauchte nur die schwarze Katze am Fenster zu sehen, schon drehte sie durch und fing mit ihrem ohrenbetäubenden Gejammer an. Ihr Geschrei war bis in den letzten Winkel der Nachbarschaft zu hören. Eines Tages hörte man sie auf einmal nicht mehr. Die gute alte Betty hatte aufgehört zu schreien, weil sie von einem Laster plattgefahren worden war.«

Liz, Mike und ich hielten uns beinahe gleichzeitig die Hand vor den Mund, um nicht laut loszuprusten.

»Was wollen Sie damit sagen?!« fauchte die Frau Gail an.

»Ich will damit sagen, daß meine Katze ein Geschrei um nichts gemacht hat, und daß so etwas für manche Leute untragbar ist. Verständlicherweise, nicht wahr?«

»Das ist ja unerhört! Ich werde sofort das Hotel verlassen!« sagte sie.

»Ich flehe Sie an! Tun Sie mir den Gefallen!« sagte Gail.

Wütend machte die Frau auf dem Absatz kehrt. Gail kam ins Büro und sagte: »Habt ihr das gehört? Daß es so etwas noch gibt, hätte ich fast vergessen.«

Liz sagte: »Na, dann wirst du hier wieder daran erinnert. Du glaubst gar nicht, wie viele Rassisten es noch gibt. Nicht zu zählen.«

Gail schüttelte den Kopf: »Ich kann so etwas nicht begreifen.«

Jack und Jill

Da ich ja eine Gemeinde gefunden hatte, ging ich natürlich auch dort zum Gottesdienst. Aber eines Sonntagabends fragte mich Liz, ob ich nicht doch mal mit ihr eine katholische Messe besuchen wollte.

»Gern«, sagte ich.

Wir gingen ein bißchen früher los, weil Liz mir noch die Kirche zeigen wollte. Als wir durch das Portal traten, war ich überwältigt von der Größe der Kirche. Rechts und links an den Wänden standen überlebensgroße Figuren, die ich fragend betrachtete.

»Das sind unsere Heiligen«, sagte Liz.

»Heilige?« fragte ich verwundert.

Liz erklärte mir die Bedeutung dieser Leute, was mich ziemlich verwirrte: »Willst du damit sagen, daß für jede spezielle Sache und für jedes Problemchen einer dieser Heiligen zuständig ist?«

»Nun, nicht für jede Sache, aber für viele.«

»Und wozu ist dann Gott noch da? Der hat ja kaum noch etwas zu tun, wenn das stimmt.«

Liz lächelte und sagte: »So kannst du das nicht sehen. Es gibt sogar einen Heiligen für Epileptiker.«

»Hä?«

»Seinen Namen habe ich vergessen, aber irgendwo gibt es einen Wallfahrtsort, zu dem jedes Jahr viele Epileptiker reisen, und manche von ihnen werden auch geheilt.«

Ich mußte lachen: »Stell dir das mal vor! Hunderte von Epileptikern an einem Ort. Da wird man bestimmt mehr auf dem Boden liegen als stehen sehen.«

»Psst! Nicht so laut, Renate«, sagte sie selber lachend.

»Sag mal, willst du mich mit deinen Geschichten veräppeln?«

»Nein, nein. Ich erkläre dir das ein anderes Mal.« Liz führte mich zu einer Marienfigur und sagte: »Und das ist Maria, die Mutter Gottes.«

»Und was hat die für einen Job?« fragte ich.

Liz und Mike fingen an zu kichern, und Liz sagte: »Maria kannst du bitten, daß sie für dich bittet.«

»Ich glaube wirklich, daß ihr mich jetzt auf den Arm nehmen wollt«, sagte ich sicher.

»Eigentlich nicht. Aber lassen wir das. Vielleicht ist es ja auch gut so«, sagte sie auf einmal ganz nachdenklich.

Ich zuckte nur mit den Achseln und fragte nicht weiter nach.

Der Gottesdienst begann, und ich kam nicht damit zurecht. Aufstehen, hinsetzen, aufstehen, hinsetzen. Ich wußte nicht, wann ich mich setzen oder wieder aufstehen mußte, und Liz gab mir immer ein Zeichen. Auch was die Gemeinde zu antworten hatte, wenn der Priester etwas gesagt hatte, ahnte ich natürlich nicht. Mir war das alles so fremd, daß ich mich nicht konzentrieren konnte. Ist ja auch kein Wunder, wenn man noch nie in einer katholischen Kirche gewesen war.

Was ich aber schön fand, war, daß sich die Gläubigen am Ende des Gottesdienstes die Hand gaben und sich gegenseitig Frieden wünschten. Ich wurde zwar knallrot, als nicht nur Liz und Mike, sondern auch ein paar andere Leute mir die Hand gaben, und ich hatte ein komisches Gefühl dabei. Aber diese Art, den Gottesdienst zu beenden, gefiel mir sehr.

Auf dem Weg nach Hause kauften wir noch Fish and Chips und Pizza für Gail und den Leutnant. Die beiden warteten schon heißhungrig auf uns und konnten es kaum erwarten, daß wir endlich das Zeug auspackten. Der Leutnant meinte, daß die Pizza wie eine Tellermine aussah, die mit Salamischeiben belegt war.

Wir ließen es uns schmecken, bis zu dem Moment, als Mike ein weiteres Stück von seinem Fisch abschnitt. Ich sah auf seinen Teller und traute meinen Augen nicht. Aus dem Fisch fielen zwei kleine Würmer, natürlich tot und gut durchgegart. Sie hatten eine zarte, weiße Farbe. Wir waren auf der Stelle satt. Nur der Leutnant fragte, ob er Gails Pizza auch noch haben könne, bevor sie kalt wurde. Ihn störten die Würmer überhaupt nicht: »Was habt ihr nur? Die Würmer sind doch schon tot und nicht giftig.«

Ich mußte lachen. Liz stand auf, holte Papier und wickelte Mikes und unseren Fisch darin ein. Zur Sicherheit verstaute sie das ganze noch in einer Plastiktüte.

»Das haben wir gleich. Bin gespannt, was unser lieber Händler dazu sagt. In einer halben Stunde bin ich wieder da«, sagte sie und hielt die Tüte in der Hand, als handelte es sich um einen verwesenden Leichnam. Das sah so komisch aus, daß wir in lautes Gelächter ausbrachen und ihr viel Glück bei der Reklamation wünschten.

Eine halbe Stunde später war sie wieder zurück. Der Händler hatte ihr erklärt, daß die Würmer nur diese Art von Fisch befielen, was zwar selten vorkäme, aber gesundheitlich unbedenklich wäre und den Geschmack keinesfalls beeinträchtigte. Natürlich könne er verstehen, daß »so manchem« beim Anblick der Würmer der Appetit verginge, aber es gebe ja schließlich Schlimmeres. Oh, diese Engländer!

Er gab Liz das Geld zurück, und sie brachte noch mal fünf Pizzen mit. Der Ekel über die Würmer war vergessen, und wir machten uns über die Pizzen her. Sogar der Leutnant verdrückte noch eine »Tellermine«, obwohl er schon seine und Gails im Bauch hatte. Mann, konnte der essen!

Nach dem Essen lehnten wir uns zufrieden zurück und freuten uns des Lebens. Wir unterhielten uns gern, und das nicht selten bis in die frühen Morgenstunden hinein. Ich glaube, wir waren ein richtig glückliches Quintett. Die vergangenen Monate waren überhaupt angenehm, wenn man von den zwei kleinen Zwischenfällen mit Gails Malaria und der Aufregung nach meinem Traum absah. Ja, wir fühlten uns alle sauwohl.

Irgendwann bekamen wir Lust auf ein Glas Wein. Liz hatte keinen mehr, und so ging ich in die Hotelküche, um dort fündig zu werden.

Als ich wieder aufwachte, sah ich Gail an meinem Bett sitzen. Sie hielt meine Hand und sagte: »Endlich! Renate, du bist im Krankenhaus. Du kannst jetzt nicht reden, denn du hast noch einen Tubus in der Luftröhre. Sie mußten dich eine Zeitlang beatmen. Du hattest einen Status epilepticus und . . .« (Ein Status epilepticus ist ein Zustand, in dem der Kranke einen Anfall nach dem anderen bekommt, das Bewußtsein nicht wiedererlangt und stirbt, wenn er nicht sofort ärztliche Hilfe bekommt.)

Gail rannen die Tränen übers Gesicht. Sie drückte meine Hand und sagte: »Das ist alles meine Schuld. Wenn du nicht für zwei gearbeitet hättest, wäre das nicht passiert.«

Ich schaute sie an, schüttelte den Kopf und mußte plötzlich auch weinen. Wie gern hätte ich ihr gesagt, daß sie sich das alles nur einbildete, daß man einen Status epilepticus immer kriegen kann, wenn die Tabletten so wenig helfen wie bei mir, aber der Tubus machte Sprechen unmöglich.

Plötzlich stand George, ein Arzt, an meinem Bett und sagte: »Na, Renate. Weißt du noch, wer ich bin?«

Ich grinste und schüttelte den Kopf. George lächelte und sagte: »Nun, du scheinst ja nichts abbekommen zu haben.« Dann wurde er wieder ernst: »Verdammter Mist, du wärst uns beinahe draufgegangen. Wir werden uns in den nächsten Tagen mal ernsthaft überlegen müssen, ob du nicht doch noch mal andere Medikamente ausprobieren solltest. So geht das doch nicht weiter!«

Ich zog die Augenbrauen hoch und gab ihm damit zu verstehen, daß das alles keinen Zweck mehr hatte. George kannte ich schon seit ein paar Jahren. Wir lernten uns in diesem Krankenhaus kennen. Ich lag hin und wieder auf seiner Station, wenn die Anfälle zu schlimm waren.

»Wenn es dir besser geht, gehen wir mal runter in den Keller und spielen eine Partie Billard«, sagte er. In dem Krankenhaus gab es im Kellergeschoß einen riesigen Aufenthaltsraum für das Personal, in dem auch ein Flipper und ein Billardtisch standen. Jedesmal, wenn George Nachtschicht hatte und nicht viel zu tun war, spielten wir eine

Partie zusammen, wenn ich als Patientin da war. Vorausgesetzt, ich war so fit, daß ich das Bett verlassen konnte. Mit George kam ich ganz gut klar, obwohl er Arzt war.

»Wir werden dir den Tubus heute ziehen. Es war nötig, dich zu beatmen. Einmal wollten wir das Ding schon ziehen, aber dann hat deine Atmung wieder ausgesetzt. Um dich nicht erneut intubieren zu müssen, haben wir das Ding länger als nötig dringelassen. Das Ziehen ist ein bißchen unangenehm, Renate.«

Ich nickte.

»Ich laß dich jetzt noch ein paar Minuten mit deiner Freundin allein. Hast 'ne ganz irre Truppe! Der kleine Inder wird sich zu Tode freuen, wenn er dich sieht. Er war jeden Tag nach der Schule bei dir und hat sich die Augen ausgeheult. Seine Mutter hat sich mit ihm und deiner Freundin abgewechselt und dir tausendmal gesagt: ›Don't kick the bucket!‹ (Nippel uns nicht ab.) Nun, wie ich sehe, hast du ihren Ratschlag befolgt.«

Gail konnte wieder lächeln und sagte: »Dein Chef war gestern auch hier. Ich soll dich ganz herzlich grüßen. Du sollst dir keine Sorgen um deinen Job machen. Der wird dir erhalten bleiben. Ich habe ihn gefragt, ob ich für dich einspringen kann, solange du noch krank bist, und er war einverstanden. Praktisch mache ich jetzt das, was du gemacht hast: fünf Stunden im Reisebüro und drei Stunden im Hotel. Ich muß auch gleich los. Liz und Mike kommen heute abend zu dir. Damit du auch was zu tun hast, habe ich eine Denkaufgabe für dich: Jack und Jill liegen in einer Küche tot auf dem Boden, beide mit dem Gesicht nach unten. Neben ihnen findet man zerbrochene Glasscherben und eine Wasserlache. Das Fenster steht offen, und draußen hört man eine Katze miauen. Was ist passiert? So, mach es gut. Bis morgen.«

Ich nickte nur und dachte nach: »Jack und Jill liegen mit dem Gesicht nach unten mausetot auf dem Boden. Das Fenster, die Katze, die Scherben, das Wasser. Hm! Sind wahrscheinlich beim Zähneputzen erstickt und haben dabei ihre Zahnputzgläser fallenlassen.«

Weiter kam ich nicht, denn ich schlief noch während meiner Überlegungen ein. Ich wachte erst wieder auf, als Liz und Mike vorbeikamen.

»Ich wußte, daß du wieder gesund wirst«, sagte Mike strahlend. »Mama hat eine Messe für dich lesen lassen, und ich habe ganz viel gebetet.«

Tränen liefen mir übers Gesicht. Es war mir unmöglich, sie zurückzuhalten. Liz setzte sich zu mir und kämpfte ebenfalls mit den Tränen: »Es wird alles wieder gut, Renate. Der Leutnant läßt dich auch grüßen. Großer Gott, er hat es doch tatsächlich fertiggebracht, unsere Gäste zu verhören, weil er anfangs nicht davon abzubringen war, daß einer der Gäste ein Attentat auf dich verübt hat. Ich hatte ganz schön mit ihm zu tun. Zum Schluß mußte ich deinen Arzt bitten, dem Leutnant zu erklären, daß du nur krank geworden und niemand einen Anschlag auf dich verübt hat. Jedenfalls belästigt er die Gäste nicht mehr und will solange warten, bist du ihn persönlich aufklärst.«

Ich lächelte und dachte: »Ach, Leutnant, du bist schon 'ne Marke. Hast ein richtiges Elefantenherz, so groß und voller Liebe.«

»Phil hat auch nach dir geguckt. Ich soll dir ausrichten, daß alle an dich denken.«

Ich nickte. Mensch, war ich müde. Mike und Liz waren noch gar nicht lange da, aber ich konnte kaum noch die Augen aufhalten. Als Mike sah, daß ich nicht mehr konnte, bekam er Angst und sagte: »Nicht wieder!«

Ich schüttelte den Kopf und drückte seine Hand. Liz erklärte ihm, daß ich nur sehr müde sei, und er atmete erleichtert auf.

Kaum waren Liz und Mike gegangen, wurde mir der Tubus gezogen, was ich sehr unangenehm fand. Als er endlich draußen war, sagte George: »So, und jetzt frag mich mal, wie es mir geht?«

»How are you?« piepste ich.

»Deine Stimmbänder sind ein bißchen lädiert, aber das gibt sich wieder. Kommt vom Tubus. Aber jetzt was anderes: Gib mir doch bitte mal die Telefonnummer von deinem Arzt. Ich möchte mich mal mit ihm unterhalten.«

Ich schüttelte den Kopf.

»Warum nicht?«

»Weil ich seit Monaten eine Ärztin habe und nicht möchte, daß sie erfährt, was mir hier passiert ist. Ich weiß noch nicht, was ich von ihr halten soll. Der erste Eindruck ist zwar gut, aber es könnte sein, daß sie mir nicht mehr so einen großen Tablettenvorrat gibt, wenn sie hiervon etwas erfährt. Ich meine, vielleicht ist sie dann mit meiner Reiserei nicht mehr einverstanden und gibt mir nur noch Rationen für eine Woche oder so.«

»Hm«, machte er. »Wenn ich ehrlich bin, glaube ich nicht, daß die Tabletten dir überhaupt noch helfen, aber gerade das wollte ich mit deiner Ärztin besprechen. Ich weiß nicht, wie es weitergehen soll.«

»Aber ich weiß es. Wenn ich wieder fit bin, dampfe ich ab. Und wenn du glaubst, daß du mich mit irgendeiner Therapie locken kannst, bist du schief gewickelt. Oder hast du etwas Neues anzubieten, was ich noch nicht ausprobiert habe?«

George stöhnte und sagte: »Ich weiß, aber manchmal denke ich, daß man mal eine andere Kombination von Medikamenten ausprobieren sollte.«

»Geh nach Hause, George. Das kannst du alles deinem Hamster erzählen.«

»Ich habe aber keinen Hamster«, sagte er lächelnd.

»Nein? Nun, ich bin sicher, daß du dann jemand anders findest, der dir zuhört.«

George grinste mich an und sagte: »Du bist eine kleine, freche Hexe!«

Die nächsten Tage ging es ständig bergauf. Die Anfälle wurden immer seltener, und als ich drei Tage lang anfallsfrei war, wollte ich gehen. George machte ein richtiges Affentheater, als ich nach Hause wollte.

»Was soll ich denn noch hier?« fragte ich.

»Du bist noch nicht gesund.«

»Papperlapapp. Auch du wirst einen Beinamputierten nicht zum Laufen bringen, George. Ich bin okay und kann mich zu Hause besser erholen. Mir geht hier langsam alles auf den Keks.«

»Ist ja schon gut. Aber du mußt mir versprechen, wiederzukommen, falls die Anfälle sich wieder häufen.«

»Ja, ja«, stöhnte ich.

Obwohl ich das Krankenhaus verlassen hatte, war an Arbeiten überhaupt nicht zu denken. Ich schlief viel, ließ mich von Liz' indischer Küche verwöhnen, sah fern und versuchte auf diese Weise, wieder zu Kräften zu kommen. Ein Status epilepticus schlaucht ganz schön, und es braucht Wochen, bis man wieder richtig auf den Beinen ist. Hin und wieder machte Liz mit mir einen Spaziergang, damit ich wenigstens ein bißchen frische Luft bekam.

Meine Zeit in London ging zu Ende. Zuerst sagte ich meinem Boß auf Wiedersehen.

»Wenn Sie nächstes Jahr wiederkommen wollen, würde ich Sie wieder einstellen«, sagte er.

»Darüber läßt sich reden«, erwiderte ich.

Mein Chef stand auf, ging ins Nebenzimmer und kam mit einem Blumenstrauß zurück.

Ich freute mich und sagte: »Danke! Aber woher wußten Sie, daß ich mich heute von Ihnen verabschiede?«

Er schaute Gail an und sagte: »Raten Sie mal!«

»Blöde Frage!« sagte ich. »Passen Sie gut auf sie auf, ja?«

»Mach ich«, sagte er, und als wir uns die Hand gaben, drückte er mir noch einen Umschlag in die Hand, den ich aber erst zu Hause aufmachen durfte. Mein Gott, wie gern habe ich bei ihm gearbeitet! Mein Chef hatte nicht nur gute Ideen, er war auch sehr tolerant.

Als ich im Hotel war, öffnete ich neugierig den Umschlag und traute meinen Augen nicht. Mein Chef hatte mir die Zeit, in der ich krank war, voll bezahlt, obwohl ich keinen Anspruch auf Lohnfortzahlung hatte. Ich war total gerührt.

Den Tag darauf verabschiedete ich mich von meiner Arbeitsgruppe in der Gemeinde. Phil und ich gingen zwei Tage später noch ein letztes Mal gemeinsam aus, denn wir wollten unbedingt noch einen Abend für uns allein haben.

»Kommst du wieder?« fragte er.

»Ja, nächstes Jahr.«

»Das ist eine lange Zeit.«

»Ja.«

»Wir haben uns schnell aneinander gewöhnt, nicht wahr?«

»Ja«, sagte ich und mußte schlucken.

»Schreibst du mir?«

»Ja.«

Als wir vor dem Hotel standen, sagte ich: »Wir sollten es uns nicht zu schwer machen. Alles Gute, Phil!«

Phil drückte mich und sagte: »Ich warte auf Post von dir. Auf Wiedersehen, bis nächstes Jahr.«

Liz und Gail waren im Büro. »Bist du traurig?« fragte Liz.

»Ach, Abschiede haben einfach etwas Beklemmendes an sich, wenn man sich erst kennengelernt hat und mag. Bei euch werde ich sicherlich nicht so bedrückt sein. Komisch, nicht wahr?«

»Ja, aber mir geht es auch immer so. Ich glaube, es liegt daran, daß man bei alten Freunden einfach sicherer ist.«

»Hm«, machte ich und nickte.

Ein paar Tage später mußte ich mich dann endgültig verabschieden. Den letzten Abend saßen wir fünf noch einmal alle gemütlich zusammen. Gail wollte noch ein paar Monate in London bleiben. Der Leutnant bat mich, herauszukriegen, wer die Hintermänner des letzten Bombenanschlages gewesen waren, und ich versprach, mein Bestes zu tun.

Am nächsten Morgen saß ich im Zug nach Dover und dachte: »Jetzt habe ich ganz vergessen, Gail zu sagen, was ich glaube, was mit Jack und Jill passiert ist.«

Schweden

Ganz Südschweden leuchtete in prächtigen Farben. Goldgelbe Rapsfelder wechselten sich mit dem satten Grün der Wiesen und Getreidefelder ab. Heidelandschaften und alte Bauernhöfe machten diese Idylle beinahe vollkommen. Wer gerne Schlösser besichtigt, wird nicht enttäuscht, denn allein in der Region Skåne findet man gleich zwölf dieser prachtvollen Bauten. Die Westküste mit ihren Klippen aus rotem Granit und die herrlichen Sonnenuntergänge runden die Schönheit Südschwedens auf eine wunderbare Weise ab.

Mir würde es schwer fallen, zu sagen, welchen Teil Schwedens ich am liebsten mag. Lapplands Wildnis ist sicherlich faszinierend, aber auch das übrige Schweden hat seine Reize. Lappland oder Småland, Skåne oder Dalarna, ich fand es überall schön. Ich liebe aber nicht nur die Natur. Auch für Städte kann ich mich begeistern. Zum Beispiel könnte ich mir gut vorstellen, den Rest meines Lebens in Stockholm oder Paris zu verbringen.

Die vorhergehenden Monate hatte ich mit Birgitta und Lillemor einen regen Briefwechsel gehabt. Birgitta arbeitete seit ihrem Weggang von der Bibelschule in einem Altersheim in Stockholm, in dem nur Juden wohnten. Lillemor hatte sich für ein paar Jahre in Restenäs verpflichtet. Stefan, der junge Mann, der mir bei meinem ersten Besuch in Restenäs ein wenig auf die Nerven gegangen war, hatte sich in Stockholm bei einer weiterführenden Bibelschule beworben und war angenommen worden. Lillemor schrieb mir, daß ihn die Zeit in Restenäs reifer gemacht hätte und man sich über seine Entwicklung nur wundern könne.

Es war Mitte Juli, das Wetter war herrlich, und nachdem ich zwei Wochen in Südschweden verbracht hatte, trampte ich nach Restenäs. Ich wollte ein paar Wochen dort bleiben und dann nach Stockholm weiterreisen, um Birgitta zu besuchen. Meine Gesundheit hatte sich seit London wieder stabilisiert. Ich war ganz froh darüber, denn als ich London verlassen hatte, ging es mir nicht gerade gut. Nun freute ich mich auf das Wiedersehen mit meinen schwedischen Freunden und auf den Urlaub, der vor mir lag.

Am frühen Nachmittag erreichte ich »Jugend mit einer Mission«. Lillemor mußte noch arbeiten, und so legte ich erst mal in ihrem und Carinas Zimmer meinen Rucksack ab. Nach dem Duschen ging ich in die Bäckerei, um auch Carina zu begrüßen, die mir natürlich gleich um den Hals fallen mußte.

Am Abend fuhren wir mit Lillemors Auto zu einem kleinen See. Wir waren die einzigen dort, und Carina sagte, daß nur ganz wenige Leute an diesen See kämen, weil er nicht so bekannt sei. An diesem Abend sprachen wir kaum miteinander, beobachteten nur den Sonnenuntergang und schwammen ein paar Runden. Ich konnte richtig zur Ruhe kommen und fühlte mich pudelwohl.

Am nächsten Tag wachte ich erst am späten Vormittag auf. Die Sonne schien, und ich hatte auf einmal Lust, mit dem Rad nach Uddevalla zu fahren. Uddevalla ist ein kleines Städtchen und liegt ungefähr zwanzig Kilometer nördlich von Restenäs. Ich lieh mir ein Fahrrad und fuhr los. Mein Gott, fühlte ich mich wohl an diesem Tag! Bei meinem Stadtbummel durch Uddevalla stieß ich irgendwann auf einen kleinen Park, wo ich mich auf eine Bank setzte und ein bißchen vor mich hinträumte. Plötzlich standen zwei Männer vor mir und fragten, ob ich Zigaretten hätte. Ich hatte keine, schüttelte den Kopf und sagte: »Sorry.« Einer von den beiden fragte mich nun auf englisch, ob ich denn wenigstens Geld hätte und ihnen ein paar Kronen geben könnte.

»Das ist kein Problem«, sagte ich und rückte ein paar Kronen raus.

Man konnte sehen, daß sie sich darüber freuten, und sie fragten mich, ob sie sich zu mir setzen dürften. Ich nickte. Die beiden waren Stadtstreicher. Sie hatten schon eine ordentliche Menge Alkohol intus, waren aber ganz nett. Sie wollten wissen, wie ich heiße, stellten sich dann mit Lasse und Sören vor und fragten, was ich in Uddevalla zu suchen hätte, wo doch der Hund begraben sei. Ich sagte, daß ich Urlaub bei Freunden in Restenäs machte.

»Da leben doch nur Christen, nicht wahr? Aber ich finde, daß du gar nicht wie ein Christ aussiehst«, sagte Sören.

Ich schmunzelte und fragte: »Wie sieht man denn als Christ aus?«

»Na ja«, sagte er. »Irgendwie anders.«

Ich mußte lachen, und Lasse fragte: »Da darf man doch bestimmt nicht rauchen, oder?«

»Ich rauche, und man darf das dort auch. Nur nicht in den Häusern und an bestimmten Plätzen.«

Lasse schaute mich erstaunt an und fragte: »Willst du eine Zigarette?«

»Ich denke, ihr habt keine? Habt mich doch gerade nach einer gefragt.«

»Ja, aber das bedeutet ja nicht, daß wir keine haben, oder?«

Ich lächelte und sagte: »Stimmt. Wie konnte ich das nur annehmen?«

Lasse gab mir eine und sagte: »Ich kann mir nicht vorstellen, daß Christen sonntags Fußball spielen oder überhaupt Dinge tun, die einem Spaß machen.«

Sören schaute mich an und fragte: »Wie ist denn das da so? Mußt du viel beten?«

»Das sind alles ganz normale Leute. Das einzige, was sie von anderen unterscheidet, ist, daß sie mit Gott leben wollen. Weiter nichts. Sie müssen auch nicht beten, aber sie wollen es. Schaut doch einfach mal rein.«

»Ja, geht das denn?« fragte Sören.

»Warum denn nicht?«

»Nun, wir sind sicherlich nicht willkommen. Solche wie wir dürfen da doch bestimmt nicht hin.«

»Jeder ist willkommen.«

»Hm«, machte Sören und überlegte. »Vielleicht gucken wir mal rein.«

»Macht das«, sagte ich.

Die beiden wollten weiter und verabschiedeten sich.

Für mich wurde es langsam auch Zeit. Ich schwang mich aufs Fahrrad und fuhr zurück.

Ein paar Tage später kam Eva-Britt auf mich zu und sagte: »Du, da sind zwei junge Männer, die behaupten, sie hätten von einer Frau namens Renate erfahren, daß jeder hier willkommen sei. Sören und Lasse heißen die beiden.«

Ich nickte und fragte: »Die Aussage stimmt doch, oder?«

Eva-Britt lächelte und sagte: »Ja, aber kümmern mußt du dich um die beiden.«

»Sind sie sehr betrunken?«

»Sie riechen zwar stark nach Alkohol, aber können sich noch sehr gut auf den Beinen halten.«

Eva-Britt sagte mir, wo ich die beiden finden konnte.

Ich ging zu ihnen und meinte: »Das ist aber eine Überraschung.«

Die beiden lächelten, und Sören sagte: »Na ja, wir wollten dich nur mal besuchen. Wir haben auch nicht viel getrunken, sondern nur unseren Pegel gehalten.«

»Toll von euch! Wenn ihr wollt, können wir mal einen Rundgang durch den Ort machen«, schlug ich vor.

Sie nickten, und nachdem ich ihnen so ziemlich alles gezeigt und erklärt hatte, trafen wir Lillemor. Sie hatte gerade Feierabend und schloß sich uns an. Während wir es uns im Garten bequem machten, kam Carina noch dazu und brachte Kekse mit. Sören und Lasse griffen freudig in die Keksdose. Sören fragte sogar, ob man hier rauchen dürfte. Als Carina nickte, ließ er großzügig die Schachtel kreisen. Lillemor und Carina rauchten nicht, und ich zog es vor, meine Pfeife aus dem Zimmer zu holen. Sören und Lasse staunten nicht schlecht. Es war das erste Mal, daß sie eine Frau mit einer Pfeife sahen.

»Deshalb rauche ich die Pfeife auch nicht in der Öffentlichkeit, oder besser gesagt: nicht mehr, denn früher wurde ich deswegen nur angestarrt. Aber unter Freunden falle ich mit meiner Pfeife ja nicht auf.«

Carina stöhnte und sagte: »Du solltest das Rauchen ganz lassen.«

»Vielleicht irgendwann einmal«, sagte ich.

Langsam, aber sicher tauten Sören und Lasse auf und verloren ihre anfängliche Skepsis gegenüber diesem Ort. Lillemor fragte, woher die beiden so ein hervorragendes Englisch könnten. Das sei ja nicht gerade üblich für Stadtstreicher. Lasse erzählte uns, daß sie lange Zeit »internationale« Landstreicher gewesen seien. Ich wurde neugierig und bat sie, etwas mehr aus ihrem Leben zu erzählen.

»Ach«, sagte Sören. »Da gibt es gar nicht so viel zu erzählen. Lasse und ich sind halt ausgestiegen, und nun können wir nicht mehr einsteigen.«

Ich sah in Lasses wäßrigblaue Augen und entdeckte dabei einen offenen Blick – trotz des Alkohols im Blut. Eine Amsel schmetterte gerade ihr Lied zu uns herunter, und ich freute mich plötzlich des Lebens.

»Warum bist du ausgestiegen?« fragte ich Lasse.

»Weiß ich selbst nicht genau. Denke, daß ich in diese Gesellschaft nicht reinpasse.«

»Kann ich verstehen. Ist alles so lieblos, nicht wahr?« fragte ich.

»Ja, irgendwie schon. Letztendlich läuft doch alles auf das gleiche hinaus: Du gehörst nur solange dazu, wie du die Erwartungen der anderen erfüllst. Und ich kann mir gut vorstellen, daß das mit eurem Gott auch nicht anders ist. Stimmt's?«

Lillemor, Carina und ich tauschten untereinander Blicke aus. Ich zuckte mit den Achseln, grinste und rupfte einen Grashalm ab, um darauf herumzukauen. Warum ich grinste, wußte ich selbst nicht – epileptische Wesensveränderung.

»Nein«, sagte Carina. »Gott liebt uns, auch ohne daß wir ihm gehorchen. Und weil das so ist, gehorche ich ganz gerne. Gott wird mich immer lieben, egal, ob ich meinen Weg mit oder ohne ihn gehe.«

Sören schaute mich an und sagte: »Denkst du auch so?«

»Ja. Gott ist anders. Er liebt ohne Erwartungen. Ich stehe nicht unter Druck. Ja, ich fühle mich wohl. Ich bin auch ausgestiegen, und selbst wenn ich könnte, würde ich nicht wieder einsteigen. Jedenfalls nicht in die Gesellschaft, aus der ich raus bin, weil ich dort meinen Glauben an Gott nicht leben könnte.«

»Willst du damit sagen, daß man als Christ nicht wieder einsteigen muß, wenn man vorher ausgestiegen ist?« fragte Sören.

»Ja, genau das meine ich. Ich glaube, es gibt nicht nur eine Art, zu leben, sondern tausende, und ich werde davon die eine oder andere mal ausprobieren. Und überhaupt, was heißt das eigentlich: Aussteigen? Für viele hat das Wort eindeutig einen negativen Beigeschmack. Man meint, daß Aussteiger nicht mehr zur Gesellschaft gehören. Stimmt, nur wird dabei nicht bedacht, daß es nicht nur eine Gesellschaft gibt. Man kann aus einer aussteigen und in eine andere wieder einsteigen, oder nie wieder in eine einsteigen und das leben, woran man glaubt. Jedenfalls sind Aussteiger für mich keine Versager, und abgesehen davon sind viele nicht freiwillig ausgestiegen, sondern wurden mehr oder weniger rausgeworfen. Die Gesellschaft nennt solche Leute dann gern Aussteiger, um jegliche Schuld von sich weisen zu können und um ja nicht das Gefühl aufkommen zu lassen, man könnte eine gewisse Verantwortung haben.«

»Ja, eigentlich hast du recht. Freiwillig sind wir nicht ausgestiegen. Man hat uns einfach rausgeworfen, weil wir dem gesellschaftlichen Druck nicht mehr standhielten. Daß wir nicht mehr einsteigen können, ist ebenfalls falsch, denn wir könnten schon, aber man läßt uns nicht«, sagte Lasse.

»Das Leben ist ganz schön beschissen«, fügte Sören noch hinzu.

»Ja, aber daran wird Gott auch nichts ändern«, sagte ich trocken.

Plötzlich brach ein lautes Gelächter aus. Alle lachten so

herzlich, daß ich mit einstimmen mußte. Lillemor hatte vor Lachen Tränen in den Augen und meinte: »Du machst den beiden wirklich Mut!«

Sören und Lasse kugelten sich und japsten nach Luft. Als Sören wieder zu sich kam, sagte er: »Ich habe oft Christen sagen hören, daß mit Gott alles besser würde. Aber was du eben gesagt hast – nee.«

»Ich finde, das ist die beste Negativ-Reklame, die man für Gott machen kann«, sagte Lasse lachend. »So langsam fange ich nämlich an, ihn zu mögen.« Noch einmal mußten wir lachen.

Eine Weile später lagen wir alle auf dem Rücken im Gras und beobachteten die Wolken, die über uns hinwegzogen. Die Luft war mild an diesem Abend. Sören holte eine Flasche Schnaps aus seinem Beutel, nahm einen Schluck und bot uns auch etwas an. Wir schüttelten den Kopf, und ich sagte: »Ich möchte aber nicht, daß ihr euch jetzt die Birne zuknallt. Mit Besoffenen kann ich schlecht reden.«

»Tun wir ja auch nicht! Nur ein paar Schluck. Außerdem müssen wir uns eh bald auf den Weg machen«, entgegnete Sören.

»Wenn ihr wollt, fahre ich euch mit dem Auto zurück«, schlug Lillemor vor.

»Das wäre toll«, sagte Lasse.

»Habt ihr noch einen Wunsch?« fragte Carina.

»Na ja«, sagte Lasse etwas verlegen. »Wir würden gern mal eure Duschen benutzen. Hatten die letzte Zeit keine Gelegenheit dazu.«

»Na, das ist kein Problem«, sagte Carina. »Kommt mal gleich mit.«

Die beiden standen auf, und Sören ließ mir seinen Beutel mit dem Schnaps da: »Paß gut drauf auf.«

Als ich mit Lillemor allein war, öffnete ich die Flasche und roch mal dran. Ich rümpfte die Nase: »Eklig. Und dann noch so ein scharfes Zeug.«

»Trinkst du eigentlich Alkohol?« fragte Lillemor.

»Ja, aber nur Wein.«

»Ich dachte immer, daß Epileptiker überhaupt keinen Alkohol trinken dürften.«

»Viele können nicht einen Tropfen vertragen, und deshalb neigen die Ärzte immer gleich dazu, ein generelles Verbot auszusprechen. Mir hat Wein noch nie etwas ausgemacht.«

Als die beiden aus der Dusche kamen, trauten wir unseren Augen nicht. Was Wasser und Seife so alles erreichen können!

»Eigentlich würden euch ein paar neue Klamotten auch gut tun«, meinte Carina. »Wollt ihr euch welche aussuchen? Wir haben hier nämlich so eine Art Second-Hand-Shop.«

»Ja, warum nicht«, meinte Sören.

Die beiden nahmen noch schnell einen kleinen Schluck aus der Flasche und trotteten dann mit uns zu dem Haus, wo die Kleidung aufbewahrt wurde. Alle, die in Restenäs wohnten, konnten sich dort bedienen. Natürlich gaben sie dort auch die Kleidungsstücke ab, die sie nicht mehr brauchten. Die beiden suchten sich ein paar Hosen und Hemden aus und warfen ihre zerschlissene Kleidung gleich in den Mülleimer. Mehr war damit wirklich nicht mehr anzufangen. Danach brachten Lillemor und ich sie zurück nach Uddevalla. Bevor sie aus dem Auto stiegen, bedankten sie sich noch einmal, und Lillemor sagte ihnen, sie seien immer herzlich willkommen.

Auf dem Rückweg meinte Lillemor: »Ich habe immer gedacht, daß solche Leute ganz schön primitiv sind, daß sie rumbrüllen, trinken und nur auffallen wollen.«

»Das denken viele, und oft wird ihre Ansicht auch bestätigt. Aber ich kann besonders das Verhalten von Obdachlosen gut verstehen. Ich reagiere nämlich genauso.«

»Das verstehe ich nicht.«

»Nun, wie soll ich das erklären? Ich habe oft erlebt, daß Leute dachten, ich sei faul. Wer von der Sozialhilfe lebt und so wie ich wie das blühende Leben aussieht, wird oft als

Drückeberger bezeichnet. Sobald ich merke, daß jemand das von mir denkt, gebe ich mir größte Mühe, ihn nicht vom Gegenteil zu überzeugen. Eher bestätige ich diese Gedanken, indem ich den Leuten beispielsweise vermittle, ich hätte keine Lust zum Arbeiten.«

»Aber warum tust du das denn?« fragte Lillemor aufgeregt.

»Weil es keinen Sinn hat, diese Leute vom Gegenteil überzeugen zu wollen. Die haben den Stab schon längst über dich gebrochen, und außerdem habe ich keine Lust mehr, mich immer beweisen oder verteidigen zu müssen. Das macht mich nämlich bitter, denn du kannst dich zu Tode arbeiten, und sie werden es trotzdem nicht sehen, weil sie es nicht sehen wollen. In deren Augen bist und bleibst du ein Versager, solange du ›dem Staat auf der Tasche liegst‹, wie sie es gerne nennen. Ich kenne diese Leute zur Genüge und halte sie mir vom Leib, indem ich sie mit derselben Arroganz behandele, mit der sie mir entgegentreten.«

»Das klingt wie Auge um Auge, Zahn um Zahn«, sagte Lillemor.

»Nein, so ist es wirklich nicht. Ich habe auch schon vor meiner Bekehrung die andere Wange hingehalten. Aber ich bin nicht stark genug, das immer zu tun. Außerdem ist es nicht nur arrogant, sondern eine Dreistigkeit ohnegleichen, daß die Starken zum einen auf den Schwächeren rumprügeln, und zum anderen dann noch von ihnen verlangen, geduldig die andere Wange hinzuhalten. Ohne mich! Mit den Jahren habe ich diese Sorte Menschen nur zu gut kennengelernt und weiß, wie ich mich ihnen gegenüber zu verhalten habe. Mit mir kann man so ziemlich alles machen: Man kann mich auf der Straße zu Pudding hauen oder mir mein letztes Hemd klauen. All das finde ich nicht so schlimm wie die Menschen, die sich immer für besser halten und dabei noch meinen zu wissen, wie das Leben der anderen auszusehen hat. Das ekelt mich einfach an.

Lillemor, wenn ich dich einmal in den Hintern trete,

läßt du dir das vielleicht gefallen, in der Hoffnung, daß die Liebe siegt und mich dazu bewegt, es nicht wieder zu tun. Aber wenn ich das fünfzigmal tue, und du siehst keine Veränderung, dann wirst du auch entweder zurücktreten oder dich zurückziehen, je nachdem, welche Möglichkeiten du hast. Der Mensch ist schwach, und deshalb dürfen gerade die Stärkeren die Schwächeren nicht andauernd treten. Eines Tages werden die Schwachen dann nämlich zurückschlagen.«

»Hm«, machte Lillemor und schien zu überlegen. Nach ein paar Augenblicken sagte sie: »In der Bibel steht, daß wir die Menschen nicht bis aufs Blut reizen sollen. Selbst die Eltern ermahnt Gott, daß sie ihre Kinder achten. Ich arbeite mit Kindern und weiß, daß Kinder, die immer geschlagen werden, später ihre Kinder auch oft schlagen. Ich kann dich jetzt besser verstehen, Renate, obwohl ich mir dieses Verhalten, das du mir eben beschrieben hast, bei dir gar nicht vorstellen kann.«

»Schau dir doch nur mal Lasse und Sören an. Die beiden benehmen sich sicherlich nicht immer so gut, wie sie es heute getan haben. Aber sie fühlten sich angenommen, und das hat sie sogar so weit gebracht, daß sie nur den ›nötigen‹ Schluck aus der Flasche genommen haben und nichts darüber hinaus. Aber hätten wir sie wie Versager behandelt und sie vielleicht bevormundet, dann hätten sie vielleicht aus Enttäuschung und Wut aus Restenäs eine Achterbahn gemacht. In den Augen der anderen wären sie dann die Schuldigen gewesen, nicht wir. Ich denke, daß man eher Liebe von einem erwarten kann, wenn man zuerst Liebe gibt. Aber wir sollten es lassen, Liebe von jemandem zu erwarten, dem wir mit Arroganz oder sonst etwas gegenüber treten. Das, finde ich, ist ein bißchen zuviel verlangt.«

»Sag mal, Renate, woher hast du das?«

»Was?«

»Na ja, du bist so unkompliziert und scheinst mit jedem auszukommen. Du nimmst die Leute, wie sie sind.«

»Das scheint nur so«, entgegnete ich.

Lillemor lächelte.

Am nächsten Tag fuhr ich mit Lillemor und Carina wieder zu dem kleinen See. Es war wirklich ein idyllisches Plätzchen. Die beiden tollten im Wasser herum. Ich hatte keine Lust dazu und starrte in den Himmel. »Woher hat der Himmel nur seine blaue Farbe?« fragte ich mich.

Eine Zeitlang hatte ich Lust, am Unterricht der Bibelschule teilzunehmen. Dieser wurde auf schwedisch und englisch abgehalten. Aber es dauerte nicht lange, da hatte ich genug. Während meiner Kindheit hatte sich eine starke Abneigung gegen Schulen entwickelt. Ich brauche nur ein Klassenzimmer zu sehen, und mir reicht es. Es gibt eben Dinge, die man nicht überwinden kann und Gott sei Dank auch nicht immer überwinden muß. Lillemor fragte mich, warum ich nicht mehr am Unterricht teilnahm, und ich sagte ihr, daß mir diese Art zu lernen äußerst schwer fällt, zumal ich alles andere als ein Theoretiker bin.

Lillemor sagte: »Schade, denn ab morgen wird das Thema Taufe behandelt. Es wäre nicht schlecht, wenn du mehr darüber wüßtest.«

Ich zuckte nur mit den Achseln, doch Lillemor fragte: »Willst du dich nicht auch taufen lassen?«

»Wozu das denn?«

»Nun, ich denke, daß das für einen Christen wichtig ist.«

»Nö, für mich ist es das nicht. Ich halte sowieso nichts von dem ganzen Brimborium. Sind doch eh alles nur Äußerlichkeiten. Ob ich mich taufen lasse, oder in China platzt ein Reissack – es verändert nichts.«

Lillemor lächelte und sagte: »Aber Jesus hat sich auch taufen lassen.«

»Ja, aber damals schien das auch groß in Mode gewesen zu sein. Johannes der Täufer . . . Täufer war zu dieser Zeit wahrscheinlich ein richtiger Beruf.«

»In der Bibel steht, daß wir uns taufen lassen sollen, und zwar im Namen des Vaters, des Sohnes und des Heiligen Geistes.«

»Hm«, machte ich und versuchte mich zu erinnern, ob ich

das auch gelesen hatte. »Stimmt«, sagte ich. »Aber ich finde das trotzdem komisch.«

»Warum?«

»Ich weiß nicht. Würde mir dabei irgendwie albern vorkommen. Kann dir auch nicht erklären warum.«

»Hm!« machte Lillemor. »Du kannst dir das ja noch mal in Ruhe durch den Kopf gehen lassen.«

Ich überlegte, schlug in der Bibel nach, was über die Taufe geschrieben stand, und sprach mit ein paar Leuten darüber.

Die Meinungen waren recht unterschiedlich. Peter, ein junger Mann, der schon einige Jahre in Restenäs wohnte, meinte, daß die in der Bevölkerung übliche Kindertaufe sinnlos sei, weil ein Kind sich in diesem Alter unmöglich für Gott entscheiden könne. Man sollte die Kinder lieber nur segnen, und wenn sie alt genug seien, sollten sie sich selbst für oder gegen die Taufe entscheiden.

Ein anderer meinte, daß man seine Kindertaufe im nachhinein ruhig anerkennen könne. Wie auch immer, jedenfalls gingen die Meinungen an diesem Ort ziemlich weit auseinander.

Ich brauchte ungefähr eine Woche, um mir ein Bild zu machen, und stimmte in dieser Frage letztendlich mit Busse, dem Pastor von Restenäs, überein. Der sagte mir: »Die Taufe ist Symbol und Zeugnis zugleich. Durch das Untertauchen des Christen wird symbolisert, daß der Christ nun von seinen Sünden ›reingewaschen‹ ist. Der alte Mensch ist tot, und ein neuer Mensch ist durch die Vergebung Gottes wiedergeboren. Durch die Taufe gibt der Christ öffentlich Zeugnis, was als Bekenntnis zu Jesus Christus verstanden wird. Wer sich als Erwachsener taufen läßt, will deutlich zum Ausdruck bringen, daß er in Zukunft Gott in sein Leben miteinbeziehen will.«

»Aber man kann die Dinge doch auch anders zum Ausdruck bringen, Busse«, sagte ich.

»Kann man, aber es gibt gewisse Rituale, die man nicht einfach als banale Äußerlichkeiten abtun kann. Das Wichtigste an der ganzen Sache ist, daß Jesus es so wollte. Er hat uns mit seiner Taufe ein Beispiel gegeben, dem wir folgen sollten.

Renate, ich habe manchmal den Eindruck, daß du viel mit deinem Verstand erklären willst, bevor du dieses oder jenes tust. Das ist sicherlich nicht verkehrt, aber man kann auf diese Weise nicht alles erfassen. Manchmal muß man einfach glauben, daß etwas gut ist, allein auf Grund der Tatsache, daß Jesus es gesagt oder verlangt hat. Sich taufen zu lassen, kann der erste Schritt zum Gehorsam sein: Jesus wollte es so; ich verstehe das zwar nicht, aber ich gehorche trotzdem. Manchmal merkt man erst Jahre danach, was einem dieser Gehorsam gebracht hat.«

Ich schaute Busse an und sagte: »Gut, ich denke, ich kann glauben, daß die Taufe gut für mich ist, weil Jesus das so wollte.«

»Darf ich dich taufen?« fragte Busse.

»Gern! Ich gehe mal schnell zu Lillemor und Carina und frage, wann wir das machen können.«

»Sag mir dann Bescheid, damit ich mich darauf einrichten kann«, sagte er.

Als ich in die Klasse kam, war Lillemor gerade dabei, den Kindern eine Geschichte zu erzählen.

Daniel, ein neunjähriger Junge, lief auf mich zu und tippte mich an: »Renate, weißt du, wie viele Sterne der Himmel hat?«

Daniel konnte schon sehr gut Englisch sprechen, was an diesem Ort übrigens fast alle Kinder konnten, denn sie hörten diese Sprache beinahe jeden Tag.

»Nein, das weiß kein Mensch, Daniel.«

»Aber Gott weiß es«, sagte er strahlend.

»Ja, aber das hilft uns auch nicht weiter«, scherzte ich.

»Das hilft uns wohl, denn dann brauchen wir uns darum nicht auch noch zu kümmern.«

Ich mußte lachen und strich ihm über den Kopf. Daniel war ein recht pfiffiges Kerlchen und immer zu Scherzen aufgelegt. Er wohnte mit seinen Eltern schon seit Jahren in Restenäs und war ein glückliches Kind. Als ich ihn so ansah, mußte ich unwillkürlich an Mike denken, der mit seinen zehn Jahren längst nicht mehr so unbefangen war wie

Daniel. Ein bißchen traurig machte mich das schon, und ich bat: »Lieber Gott, paß auf Mike auf.«

»Na«, sagte Lillemor.

»Na! Wollte dich nur fragen, ob du auch zu meiner Taufe kommst.«

Lillemor strahlte und fragte: »Wann?«

»Weiß ich noch nicht. Eigentlich wollte ich das dir überlassen, damit du einen Termin aussuchen kannst, an dem du nicht arbeiten mußt. Wo wird es denn stattfinden?«

»Was hältst du davon, wenn wir dich in dem See taufen, zu dem wir ab und zu zum Schwimmen hinfahren?«

»Gute Idee.«

»Hinterher können wir ein bißchen feiern, mit Lagerfeuer und Grillen und so.«

»Oh, wie romantisch«, sagte ich und verzog dabei das Gesicht.

Lillemor lachte und sagte: »Das können wir ja alles heute abend besprechen.«

Am Tag vor der Taufe war ich fürchterlich aufgeregt und dachte: »Wozu die ganze Aufregung? Ist doch bloß eine stinknormale Taufe, die ein bißchen gefeiert wird, weiter nichts.«

Am nächsten Tag war es dann soweit. Busse ging mit mir ins Wasser und tauchte mich unter. Als wir wieder rauskamen, waren wir beide klitschnaß. Komisch, nicht wahr?

Danach wurde noch ein wenig gefeiert, mit Lagerfeuer und Grillen.

»Ich bin getauft«, dachte ich, als ich mit den anderen am Lagerfeuer saß und mich unterhielt. Auf einmal, ich weiß nicht warum, hatte ich das Gefühl, daß es sich bei meiner Taufe nicht nur um einen Akt des Gehorsams gehandelt hatte. Die Taufe ist mehr, doch konnte ich dieses Gefühl nicht erklären.

Lillemor sagte: »Wenn es mal nicht mehr weitergeht, Renate, wenn du eines Tages der Meinung bist, daß du mehr in der Hand des Teufels als in Gottes Hand bist, dann erinnere dich: Ich bin getauft. Das hilft manchmal mehr als alles andere.«

Wie recht Lillemor damit hatte, wurde mir erst Jahre später bewußt. Denn es kam eine Zeit, in der ich dachte, daß ich alles andere als eine Christin sei, und die Erinnerung an meine Taufe war das einzige, woran ich mich noch festhalten konnte.

Eine Woche später wurde es Zeit, auf Wiedersehen zu sagen, denn ich wollte weiter nach Stockholm. Ich freute mich schon auf Birgitta. Diesmal fiel uns allen der Abschied leicht, denn jeder wußte, daß es ein Wiedersehen geben würde. Lillemor und Carina frühstückten noch ein letztes Mal mit mir zusammen, und dann brachte mich Lillemor zur Straße nach Stockholm. Ich hatte vorher Birgitta angerufen und ihr gesagt, daß ich spätestens um zehn Uhr abends bei ihr sein würde. Sie hatte gelacht und gesagt: »Da bin ich aber gespannt.«

Um neun Uhr abends hatte ich Stockholm beinahe erreicht. Ein Autofahrer setzte mich mitten auf der Autobahn ab, weil er an der nächsten Ausfahrt raus mußte. Anstatt an der Ausfahrt zu halten, stoppte er einfach mitten auf der Autobahn und ließ mich am Seitenstreifen aussteigen. Wir waren beide müde und hatten deshalb nicht richtig überlegt.

Keine Viertelstunde später stand die Polizei vor mir und kontrollierte meinen Paß. Freundlich sagte einer der Polizisten: »Sie wissen, daß das verboten ist, nicht wahr?«

Ich nickte und sagte: »Ich habe nicht nachgedacht, als der Autofahrer hier anhielt.«

»Wo wollen Sie denn hin?«

»Nach Stockholm, das heißt, nicht direkt. Eher nach Järfälla, einem Vorort.«

»Nun, hier können Sie nicht stehenbleiben. Ich glaube auch kaum, daß hier noch jemand anhält. Es ist zu gefährlich. Wir sind zwar nicht befugt, Tramper in der Gegend herumzufahren, aber wenn Sie möchten, nehmen wir Sie

116

bis zur nächsten Ausfahrt mit. Da kommen Sie dann bestimmt weiter.«

»Das ist aber nett!« sagte ich, und schwuppdiwupp saß ich schon in ihrem Auto.

»Gefällt Ihnen Schweden?« fragte einer der beiden.

»Ja, sehr!«

»Es ist hier teurer als in Deutschland, nicht wahr?«

»Stimmt. Aber ich brauche nicht viel.«

Die beiden lachten. An der nächsten Ausfahrt fuhren sie ab und brachten mich gleich zur Auffahrt nach Järfälla.

»Danke schön«, sagte ich.

»Nichts zu danken, und einen schönen Urlaub noch«, wünschten sie mir.

»Danke.«

Zehn Minuten später saß ich schon im nächsten Auto, nur wollte der Fahrer nach Uppsala, was bedeutete, daß ich an der nächsten Abfahrt schon wieder aussteigen mußte. Ich holte die Karte hervor und sagte: »Wie ich hier sehe, können Sie auch über Järfälla nach Uppsala fahren. So viel Umweg ist das gar nicht.«

Der Fahrer lächelte: »Ja, ja. Viele Wegen führen nach Rom, nicht wahr?«

»Na ja«, sagte ich nur schmunzelnd.

»Was wollen Sie denn in Järfälla?«

»Eine Freundin besuchen.«

»Na ja«, sagte er. »Es ist ja schon ziemlich spät, zwanzig vor zehn. Ich tue Ihnen den Gefallen.«

»Toll! Danke schön.«

»In welcher Straße wohnt sie denn?«

Ich sagte es ihm.

»Und wo muß ich da langfahren?«

»Das kann ich Ihnen auch nicht sagen, denn ich besuche sie zum ersten Mal.«

»Geben Sie mir mal die Telefonnummer von Ihrer Freundin. Ich rufe sie an und frage, wie wir fahren müssen«, sagte er, als wir in Järfälla ankamen, denn er war mit einem Autotelefon ausgerüstet.

»Tolle Idee!« Ich gab ihm die Nummer.

Er rief an und ließ sich telefonisch von Birgitta bis zu ihrer Haustür dirigieren.

Ich lachte: »Wenn das kein Service ist!«

Birgitta lud den Fahrer noch am Telefon zu einer Tasse Kaffee ein, und so gingen wir beide zu ihr hinauf. Birgitta strahlte mich an und sagte: »Herzlich willkommen! Daß du dir einen Chauffeur leisten kannst, ist mir allerdings neu.«

Der Fahrer lächelte, und wir tranken zusammen Kaffee, bis der Mann sich verabschieden mußte. Ich bedankte mich noch einmal für den Umweg, den er extra für mich gemacht hatte, woraufhin er nur lächelnd abwinkte.

»Wenn du kein Glück beim Trampen hast!« sagte Birgitta, als der Mann draußen war.

»Tja!« erwiderte ich nur.

Birgitta hatte sich ein paar Tage Urlaub genommen und zeigte mir erst mal Stockholm. Es ist eine herrliche Stadt. Die Altstadt und die Schären mit ihren Inseln (etwa 25000 Stück!) sind einfach einmalig. Das Venedig Schwedens muß man gesehen haben! Was mich aber immer wieder aufs neue fasziniert, ist Millesgården, wo Werke des begnadeten Bildhauers Carl Milles ausgestellt sind. Seine Werke beeindrucken mich immer wieder so sehr, daß ich mir jedesmal vornehme, wiederzukommen. Seine Skulpturen kann man sowohl draußen auf den Terrassen seines Gartens als auch in seinem Haus bestaunen.

Eines Abends wollte Birgitta mit mir Freunde besuchen, eine Familie mit drei Kindern. Der Mann nahm mich gleich beim ersten Kennenlernen ganz schön in die Mangel. Das gefiel mir gar nicht, denn ich wurde den Eindruck nicht los, daß er der Meinung war, ich müßte mich jetzt für Gott tierisch ins Zeug legen. Irgendwie hatte ich das Gefühl, daß sein Glaube ihn nicht frei, sondern zum Sklaven gemacht hatte. Es kam mir so vor, als wollte er sich regelrecht zu Gott hinaufschrauben und als verlange er das auch von mir, bewußt oder unbewußt.

Jedenfalls fand ich unsere Unterhaltung ziemlich bedrückend, denn ich wollte mich erst einmal in Gott geborgen fühlen, bevor ich mich für ihn einsetzte. Je länger wir uns unterhielten, desto mehr kam ich mir als jämmerliche Versagerin vor. Die Gnade und Liebe Gottes traten dabei so in den Hintergrund, daß ich richtig deprimiert war und mich fragen mußte, ob ich wirklich eine Christin war. Schon bald hatte ich genug und zog es vor, mit den Kindern zu spielen.

»Na, wie hat es dir gefallen?« fragte Birgitta, als wir wieder nach Hause fuhren.

Ich zog die Augenbrauen hoch: »Eigentlich wollte ich nur einen netten Abend verbringen, aber nun komme ich mir vor wie der jämmerlichste Mensch aller Zeiten.«

Birgitta stöhnte und sagte: »Immer das gleiche. Er kann sich gar nicht vorstellen, wie das auf andere wirkt. Es ist gar nicht seine Absicht, andere klein zu machen. Er ist einfach furchtbar ehrgeizig. Wenn er so weitermacht, kriegt er noch einen Herzinfarkt.«

Ich mußte lachen, denn ich stellte mir Gottes Gesicht vor, wenn man im Himmel ist und ihm sagt: »Wegen dir habe ich einen Herzinfarkt bekommen. Wenn es dich nicht gäbe, würde ich noch leben.«

Am nächsten Tag mußte Birgitta wieder arbeiten, und ich machte mich während dieser Zeit etwas mehr mit Stockholm vertraut. Ich war nur unterwegs, entweder zu Fuß, mit dem Fahrrad oder mit dem Bus.

Eines Tages fragte mich Birgitta, ob ich nicht mal mit ihr zur Arbeit gehen wollte.

»Ich glaube kaum, daß ich als Deutsche dort willkommen bin«, gab ich zu bedenken.

In dem Altersheim, wo Birgitta arbeitete, lebten nämlich ausschließlich Juden. Einige von ihnen waren direkt aus dem KZ nach Schweden gekommen. In Schweden leben ungefähr 15000 Juden.

»Du brauchst überhaupt keine Bedenken zu haben. Sie hassen nicht alle Deutschen«, sagte sie.

So ging ich mit ihr mit, wenn auch etwas zögernd. Es

war beeindruckend, denn alle waren sehr herzlich zu mir, und ihre Herzlichkeit war natürlich, nicht aufgesetzt. Ich war erleichtert.

Bei einigen Frauen und Männern konnte man die KZ-Nummern an den Oberarmen erkennen, was ein bedrükkendes Gefühl in mir auslöste. Es war ein Schuldgefühl. Mir wurde schlagartig klar, was Erbschuld bedeutet.

Ich dachte: »Lieber Gott, vergib mir das, was ich diesem Volk angetan habe. Obwohl ich nicht dabei war, weiß ich jetzt, daß ich doch dabei war, denn die Schuld meiner Väter und Großväter ist auch meine Schuld. Verstehe das, wer will, ich kann es nicht. Vergib mir und gib mir die Gelegenheit, ein bißchen wiedergutzumachen.«

Birgitta und ich aßen mit den alten Leuten zusammen Mittag; natürlich koscher. »Koscher« ist das hebräische Wort für »rein«, und nach dem jüdischen Speisegesetz darf man nur reine Speisen essen. Dabei ist die Zubereitung der Speisen genauso an Vorschriften gebunden wie das Schlachten der Tiere.

Birgitta erklärte mir, daß der gläubige Jude nach dem Gesetz des Mose lebt und für ihn nur das Alte Testament Gültigkeit besitzt. Sie erzählte mir noch viel mehr über den jüdischen Glauben. Später merkte ich, daß ich die Bibel besser verstehen konnte, weil ich nun mehr über die jüdische Kultur und Religion wußte und auch immer wieder Neues dazulernte.

Im Schwesternzimmer hatte ich schließlich noch die Gelegenheit, mich mit einem etwa fünfundsiebzigjährigen Juden zu unterhalten. Er war beim Mittagessen nicht dabeigewesen, und Birgitta machte uns miteinander bekannt: »Das ist Renate, Aaron.«

Aaron gab mir die Hand und nickte nur. Birgitta verließ das Zimmer, weil sie noch zu tun hatte, und ließ uns beide allein. Nach einer Weile stellte Aaron mir ein paar Fragen, in einem vorzüglichen Englisch. Er wollte wissen, wie ich Birgitta kennengelernt hatte und was ich so machte.

Nachdem ich ihm alles erzählt hatte, wollte ich natürlich auch etwas über ihn wissen. Aaron war 1933, wenige Wochen nach dem Boykott jüdischer Geschäfte, von Deutschland nach Schweden emigriert, um sich dort eine neue Existenz aufzubauen. Er hatte seitdem nie wieder deutschen Boden betreten. Als er mir das sagte, schaute ich ihn an und fragte: »Weil Sie uns hassen?«

Diese Frage stellte ich in meiner Muttersprache.

»Nein, weil ich emotional nicht in der Lage war. Es war kein Haß, sondern tiefe Trauer und Verzweiflung und noch viel mehr, was man nicht in Worte kleiden kann«, antwortete er nun auf deutsch.

Für einige Augenblicke schauten wir uns schweigend in die Augen. Aaron hatte einen warmen Blick, mit dem er mich regelrecht umfaßte. Seine Augen füllten sich mit Tränen, und stockend sagte er: »Über fünfzig Jahre hat es gedauert.«

»Was?«

»Sie sind die erste Deutsche, mit der ich ein Gespräch führe. Vor über fünfzig Jahren habe ich das letzte Mal ›freiwillig‹ mit einem Deutschen gesprochen. Ich spüre, wie gut mir das jetzt tut, mit Ihnen zu reden.«

Ich wendete meinen Blick von ihm ab und schaute auf den Boden. Da traf ich mit einem Juden zusammen. Zwei Fremde führten ein Gespräch, und dabei kam in mir so viel Gefühl auf, daß ich am liebsten losgeheult hätte. Nach ein paar Augenblicken konnte ich wieder aufschauen und sah, wie sich der alte Mann ein paar Tränen wegwischte.

Ich wollte etwas sagen, ihn ablenken, weil ich Angst hatte, auch weinen zu müssen, und sagte:

»Ich habe heute zum ersten Mal koschere Kost gegessen. Nicht übel.«

Er lächelte und sagte: »Ich glaube, in Rom ist heute schönes Wetter.«

Da mußte ich lachen, und er zwinkerte mir lächelnd zu.

Nach einer Weile fragte ich: »Glauben Sie auch nur an das Alte Testament?«

»Wieso nur?! Es gibt nur das eine.«

»Nee, es gibt auch noch das Neue.«

Er schüttelte den Kopf: »Das Alte Testament ist von Gott, und das Neue haben die Menschen erfunden.«

»Sie sind ein eingefleischter Jude, nicht wahr?«

Der alte Mann grinste wie ein Lausbub. Gerade wollte ich noch ein paar Fragen stellen, da kam Birgitta wieder ins Zimmer. Sie holte etwas und ging wieder hinaus. Ich stellte keine Fragen mehr, denn ich fand das plötzlich unpassend.

Augenblicke später gab mir Aaron die Hand und sagte: »Auf Wiedersehen, Renate. Es war so gut, ein paar Worte mit Ihnen zu reden.«

»Auf Wiedersehen, Aaron. Und danke schön.«

»Für was?«

Ich schüttelte nur mit dem Kopf, weil ich nicht in der Lage war, zu erklären, was dieses kleine Gespräch in mir bewirkt hatte. Aaron lächelte mich an und ging.

Mit der Zeit lernten Birgitta und ich uns immer besser kennen. Birgitta war zehn Jahre älter als ich und vor ihrer Bekehrung ein Kind der Hippie-Generation. Sie erzählte mir, daß sie damals so ziemlich alles ausprobiert hatte. Sie suchte Trost, Hoffnung und Wahrheit im Alkohol, mit Hasch und bei Männern. Doch nach jedem Rausch, nach jedem Trip und Mann fühlte sie nur eine unendliche Leere in sich. Eines Tages war sie dann schwanger und wurde mit dieser Tatsache nicht fertig. Sie konnte das werdende Leben in ihr nicht annehmen, sah in dem Kind sich selbst und wollte nicht, daß es so würde wie sie. Birgitta wußte, daß sie all das, was ein Kind brauchte, wie Liebe und Geborgenheit, nicht geben konnte. Der Vater des Kindes war längst über alle Berge, ihre Eltern geschieden, und so sah sie keine andere Möglichkeit, als ihr Kind zur Adoption freizugeben.

Noch während der Schwangerschaft ging sie zum Jugendamt und teilte mit, daß sie ihr Kind gleich nach der Geburt zur Adoption freigeben würde. Aber sie wollte sicher sein, daß ihr Kind in geordneten Familienverhältnissen aufwachsen würde. Sie gab das Kind dann einem Ehepaar, mit dem sie sich vorher unterhalten konnte. Das Ehepaar hatte schon zwei Kinder, von denen eines behindert zur Welt gekommen war. Die beiden wollten noch ein drittes, gesundes Kind, weil sie befürchteten, daß die gesunde Tochter mit der einen behinderten Schwester überfordert sein könnte, weil sie automatisch immer Rücksicht auf ihre Schwester nehmen würde oder müßte. Ein drittes, gesundes Kind, glaubten die Eltern, würde ihrer gesunden Tochter ein gewisses Gleichgewicht geben.

Birgitta war einverstanden, gab ihr Kind gleich nach der Geburt ab und hat es bis heute nicht bereut. Ungefähr zehn Jahre später bekam sie von ihrer Tochter den ersten Brief. Die Adoptiveltern hatten ihr schon immer geschrieben und erzählt, wie es ihrer Tochter ging. Hin und wieder schickten sie ihr auch ein Bild von ihr. Als Birgittas Tochter fünfzehn Jahre alt war, wollte sie ihre leibliche Mutter kennenlernen. Die Adoptiveltern hatten nichts dagegen, und man traf sich zu einem Gespräch. Aus ihrer Tochter war ein glückliches Mädchen geworden. Sie machte Birgitta auch gar keine Vorwürfe, nein, sie wollte sie nur ein bißchen verstehen. Noch heute haben die beiden Kontakt miteinander und besuchen sich ab und an. Für mich ist Birgitta eine ganz wunderbare Mutter. Manchmal beweist das Weggeben eines Kindes mehr Liebe als das Behalten. Jedenfalls habe ich großen Respekt vor dieser Tat.

Birgitta wurde Krankenschwester und bekehrte sich einige Jahre nach diesem Ereignis. Sie war schon drei Jahre Christin, als ihr bewußt wurde, daß der Glaube an Gott mehr beinhalten müßte, als sie in der Zeit zuvor erfahren hatte. Sie verließ Stockholm und ging nach Göteborg, um dort mit Christen zu leben, die mehr vom Glauben erwarteten als nur das bloße Fürwahrhalten der Bibel. In dieser Zeit wurde Birgitta ein neuer Mensch, denn sie lernte mit und für Gott zu leben. In Restenäs ging der Prozeß dann weiter, und ich weiß, daß er nicht aufhören wird. Für Birgitta ist Gott alles, was das Leben wertvoll macht.

Paris

Ungeduldig wartete ich im Flughafen Orly auf meine Freundin Sheun. Eigentlich hatten wir uns schon in London treffen wollen, aber ihr Vater wurde ganz plötzlich krank, und so mußte sie ihre Abreise um ein paar Monate verschieben.

Sheun ist Chinesin und in Hongkong zu Hause. Wir lernten uns in Deutschland kennen, im Wartezimmer einer Arztpraxis. Der Arzt bat mich damals, für Sheun zu dolmetschen, weil er schon seit Ewigkeiten kein Englisch mehr gesprochen hatte. Als ich die Praxis verließ, wartete Sheun auf mich, um sich noch mal zu bedanken. Sie war gerade auf einem Jahrestrip durch Europa und mußte wegen Rückenschmerzen zum Arzt. Ich lud sie zu einem Kaffee ein. Sie blieb einen ganzen Monat.

Danach reisten wir noch ein paar Wochen gemeinsam durch Deutschland und wurden so Freunde. Als ihr Jahrestrip zu Ende war, mußte sie wieder zurück nach Hongkong. Sie war damals Lehrerin und hatte für diese Reise eine Freistellung bekommen.

Nach einem Jahr kam sie zu dem Entschluß, ihren Beruf an den Nagel zu hängen. Bevor sie Hongkong verließ, schrieb sie mir einen langen Brief: Sie wolle in Paris Sprachen studieren und habe bei der Alliance Française einen Studienplatz erhalten. Nur ein Zimmer habe sie noch nicht.

Ich sollte mich in Paris darum kümmern. Sie gab mir die Adresse einer thailändischen Freundin, die in Paris lebte. Sie sollte mir bei der Zimmersuche helfen. Zufällig hatte die Frau gerade einen Job in der Schweiz als Au pair bekommen. Sie gab mir die Hausschlüssel und sagte, wir könnten das Zimmer zehn Monate benutzen.

Das Zimmer lag in der Rue Michel-Ange, im 16. Arrondissement, und war schrecklich klein. Es war eines dieser Zimmer, wo meist die Dienstmädchen der reichen Leute geschlafen hatten. Nicht größer als acht Quadratmeter, für eine Miete von umgerechnet dreihundertfünfzig Mark im Monat. Die Toilette lag auf dem Gang und wurde von mindestens zehn Personen benutzt. Eine Duschgelegenheit gab es überhaupt nicht, nur ein kleines Waschbecken im Zimmer. Ich dachte: »Die nehmen es hier wirklich von den Lebendigen.«

Die Maschine aus Hongkong hatte Verspätung. Aber endlich standen wir uns strahlend gegenüber.

Auf dem Weg zur Rue Michel-Ange bereitete ich Sheun schon mal schonend auf das Elend vor, das sie bezüglich des Zimmers erwartete, doch sie lachte nur und sagte: »Ihr Europäer seid viel zu verwöhnt. In Hongkong leben nicht wenige Familien mit fünf und mehr Personen auf zwanzig Quadratmetern.«

Als wir in dem Zimmer standen, war sie hochzufrieden und meinte: »Für uns beide reicht das doch allemal.«

»Für uns beide?«

»Du bleibst doch erst mal hier, oder? Sag mir nicht, daß du mich jetzt alleinlassen willst. Ich kenne Paris doch so gut wie gar nicht.«

Ich stöhnte und sagte: »Nun gut. Ich wollte eigentlich weiter. Die Erntezeit fängt an, und ich brauche Geld. Hast du genug für uns beide?«

»Natürlich. Vergiß die Ernte.«

»Trotzdem befürchte ich, daß wir uns bald die Köpfe einschlagen. Das Zimmer kommt mir vor wie eine Gefängniszelle – für eine Person.«

Sheun grinste und sagte: »Wir werden sehen. Und außerdem schlafen wir hier doch nur. Solange das Wetter schön bleibt, hocken wir ja wohl nicht in der Bude, oder?«

»Da hast du auch wieder recht. Versuchen wir's halt.« Erst einmal gingen wir essen, natürlich chinesisch. Währenddessen besprachen wir, welche Ämter wir die nächsten Tage aufsuchen mußten. Sheun hatte nämlich nur eine vierwöchige Aufenthaltsgenehmigung. Danach erzählten wir uns angenehmere Dinge, zum Beispiel was die letzten Monate alles so passiert war.

Nachdem Sheuns Vater wieder gesund und arbeitsfähig gewesen war, hatte sie ihm mitgeteilt, daß sie nach Paris fliegen und dort studieren würde. Er war aus allen Wolken gefallen und hatte ihr verboten, zu gehen. Sie war trotzdem geflogen und jetzt unglücklich, weil ihr Vater ihr noch nicht mal auf Wiedersehen gesagt hatte.

Ihr Vater schämte sich auch wegen der Tatsache, daß sie mit ihren achtundzwanzig Jahren noch nicht verheiratet war. Für die meisten Chinesen ist das ein Unding.

Ich sah, wie bedrückt Sheun war, schüttelte den Kopf und fragte: »Warum ist er so?«

»Nun«, sagte sie. »Unsere Kultur ist halt eine ganz andere. Wir haben eine totale Familienhierarchie. Was der Vater sagt, muß gemacht werden. Ganz egal, ob er recht hat oder nicht. Aber ich mache das nicht mehr mit.«

»Hm«, machte ich.

»Aber jetzt zu dir. Hast du nichts zu berichten?«

»Na ja«, sagte ich. »Eigentlich schon. Weißt du, ich habe den Sinn des Lebens in Jesus gefunden und bin ganz glücklich dabei. Aber du, du glaubst nicht an Jesus, oder?«

»Nein«, sagte sie. »Bis vor einiger Zeit habe ich an gar nichts geglaubt. Doch die letzten Monate habe ich mich intensiv mit dem Buddhismus beschäftigt. Ich bin zu dem Schluß gekommen, daß das die einzig wahre Religion ist.«

Ich schaute sie an und dachte: »Das ist doch komisch. Jetzt, wo ich an Gott glaube, werde ich plötzlich von allen Seiten mit anderen Religionen konfrontiert. Erst treffe ich in Deutschland mit Muslimen zusammen, dann wird mir durch Liz klar, daß an Gott glauben für jeden etwas anderes bedeuten kann, und nun kommt Sheun und hat sich dem Buddhismus verschrieben. Lieber Gott, was ist eigentlich los? War ich früher blind und taub, oder was?«

»Hast du schon mal was von Buddha gehört?« fragte sie.

Ich schüttelte den Kopf: »Ist das diese fette, sitzende Figur, die man so häufig in chinesischen Geschäften und Restaurants sieht?«

Sheun guckte mich etwas sauer an und wies mich

zurecht: »Du solltest mit etwas mehr Respekt von ihm sprechen.«

»Warum? Es ist doch so, oder?«

»Aber er ist der einzige, der das Nirwana erreicht hat«, protestierte sie.

»Nir ... was?«

»Buddha wird niemals wiedergeboren. Wir aber werden es, bis wir so vollkommen sind wie er. Im Nirwana ist die Wiedergeburt nämlich unmöglich.«

»Heißt das, du glaubst, wenn du dich nicht so wie Buddha anstrengst, wirst du wiedergeboren?«

Sheun nickte.

»An ein ewiges Leben nach dem Tod glaubst du also nicht?«

Sie schüttelte den Kopf: »Nein, mein Ziel ist es, das Nirwana zu erreichen, denn in diesem Reich hört der Wille zum Leben auf.«

»Wieso? Hast du das Leben so satt, daß du noch nicht einmal wiedergeboren werden willst?« fragte ich.

Kaum hatte ich das gesagt, schaute mich Sheun ganz komisch an. Dann sagte sie: »Nein, eigentlich lebe ich ganz gern.«

»Ich glaube, du hast deinen Verstand verloren, Sheun. Ich liebe das Leben auch und will nicht sterben. Aber ich muß – wie jeder andere auch. Das Nirwana wäre allerdings das letzte, was ich mir dabei wünschte. Vielleicht solltest du dir mal überlegen, warum du ins Nirwana willst. Klingt ja fast so, als ob du nur deshalb schnell dahin willst, weil du sonst im Falle der Wiedergeburt wiederholt Angst vor dem Tod haben müßtest. Wollen wir wetten, daß du es nicht beim ersten Anlauf schaffst?«

Sheun lächelte und schwieg.

»Erzähl mir mal was von deinem Buddha«, forderte ich sie auf.

»Buddha hat schon zu einer Zeit gelebt, da war dein Jesus noch gar nicht auf der Welt. Buddha war ein Fürst und sehr, sehr reich. Er hatte eine Frau und natürlich einen Harem und lebte ohne Sorgen. Eines Tages aber hatte er das Leben satt, ja er ekelte sich vor diesem Einerlei und wurde dabei richtig unruhig.

Die darauffolgenden Wochen ließ er sich mit einer Kutsche herumfahren und sah zum ersten Mal in seinem Leben Greise, Kranke, Gebrechliche und sogar einen verwesenden Leichnam. Das erschütterte ihn so sehr, daß ihm sofort klar wurde: Sein ganzer Reichtum würde ihn nicht vor Krankheit und Tod bewahren können.

Er begann, nach einem Weg zu suchen, der ihn von all dem befreien konnte. Auf dieser Suche begegnete ihm ein Mann, ein Asket, der ihm sagte, daß das Leben nicht etwas Schönes, sondern eine Last sei, die man loswerden müsse. Daraufhin verließ Buddha Frau und Kind, um in der Einsamkeit sich selbst zu finden. Nach vielen Irrwegen wurde er endlich von dem höchsten Gott, dem Brahma, erleuchtet und sah sich so berufen, ein Buddha zu werden. Er lehrte, wie man der Seelenwanderung entkommen kann.«

»Und wie entkommt man ihr?« fragte ich.

»Indem man seine Seele abtötet.«

Ich traute meinen Ohren nicht: »Willst du auch deine Seele töten?«

»Ich habe es jedenfalls versucht, aber ich bin noch nicht soweit. Es ist nämlich gar nicht so einfach.«

»Aber warum, verdammt noch mal?! Was ist mit dir geschehen, Sheun? Du machst mir richtig Angst«, rief ich erschrocken.

Sheun schaute mich nur an, ohne die kleinste Regung im Gesicht, und ich dachte: »Du bist nicht mehr die, die ich von früher kenne. Du bist ein anderer Mensch geworden, und du machst mir Angst. Lieber Gott, hier braut sich etwas zusammen, was ich nicht mehr überblicken kann. Mach doch, daß auch Sheun erkennt, daß du der einzige Gott bist, von dem man abhängen darf.«

»Hast du eigentlich noch deine Anfälle?« fragte sie.

In ihrer Frage schwang eine große Gleichgültigkeit mit.

»Interessiert dich das wirklich?« fragte ich skeptisch und sauer zugleich.

»Wenn du deine Seele abtöten würdest, dann würdest du darunter auch nicht mehr leiden.«

»Sicherlich, aber dann wäre ich lebendig tot. Dann wäre es auch ganz egal, ob ich gesund oder krank bin. Denn wenn meine Seele tot ist, ist mir alles schnuppe. Sheun, hör auf damit! Ich will nichts mehr von deiner Religion hören. Sie ist grausam, um nicht zu sagen teuflisch.«

»Was ist das für ein Gott, an den du glaubst? Er kann dich ja noch nicht einmal gesundmachen«, sagte sie.

»Kann er doch!«

»Und warum tut er das dann nicht?«

»Das weiß ich natürlich auch nicht. Aber er wird gute Gründe dafür haben.«

»Was würdest du aufgeben, um wieder gesund zu werden?« fragte sie.

»So ziemlich alles«, sagte ich.

»Renate, ich weiß, daß du ein großer Skeptiker bist. Wahrscheinlich wirst du mir auch nicht glauben, was ich dir jetzt erzähle. Als ich dir von Hongkong geschrieben habe und dich um ein Wiedersehen bat, habe ich das nicht nur unserer Freundschaft wegen getan. Ich hatte nämlich kurz vorher eine Vision. Auch mir ist der Brahma erschienen, und er hat mir gesagt, daß ich dich gesund machen kann, wenn du nur willst.«

»So?! Und was muß ich dafür hergeben, meine Seele?« fragte ich böse.

»Nein, du mußt nur mit mir zum Brahma beten.«
Ich schluckte.

»So eine Gelegenheit bietet sich dir nicht noch einmal.«
Anscheinend war ihr Glaube eine Mischung aus Buddhismus und Hinduismus. Einen Gott Brahma kannte ich jedenfalls nur aus dem Hinduismus.

Mir war der Appetit vergangen. Ich schob meinen Teller beiseite und sagte: »Ich habe keine Ahnung, ob das stimmt, was du mir da erzählst, Sheun. Ich weiß auch nicht, ob dieser Brahma nur ein Aberglaube oder sonst was ist. Aber eins kann ich dir sagen: Zum Teufel mit ihm! Ich liebe meinen Gott. Ich glaube sogar, daß ich noch nie einen Menschen so sehr geliebt habe wie Gott. Ohne ihn bin ich tot. So, und jetzt laß mich in Ruhe! Ich bin stinksauer auf dich, aber wahrscheinlich weißt du gar nicht, was du da eben von mir verlangt hast. Bitte, setze unsere Freundschaft nicht aufs Spiel. Du weißt, daß ich dich mag, aber ich setze Gott noch nicht einmal wegen dir aufs Spiel.«

»Willst du damit sagen, daß du Gott mehr liebst als deine Freunde?« fragte sie ungläubig.

Ich nickte.

Nun war die Stimmung total im Eimer. Sheun schob ihren Teller ebenfalls beiseite und ließ die Rechnung kommen. Sie bezahlte, aber ich bedankte mich nicht.

Schweigend gingen wir nach Hause. Hin und wieder atmete ich tief ein, denn alles in mir war total verkrampft.

Sheun sagte: »Renate, ich glaube, du hast mich total falsch verstanden. Wir können uns ja noch ein anderes Mal darüber unterhalten. Ich wollte dir doch nur helfen. Aber vergessen wir das. Wir wollen uns doch nicht den ganzen Tag verderben, oder?«

»Hast recht«, sagte ich. »Der Tag ist ja noch lange nicht um.«

Wir bummelten durch den Bois de Boulogne, und unsere Gemüter heiterten sich allmählich auf. Ich sagte: »Hier solltest du abends nicht langgehen.«

»Warum?«

»Weil hier der bekannteste Autostrich von Paris ist. Ich wußte das am Anfang auch nicht und wunderte mich, als ich den dritten Abend hintereinander von Autofahrern angemacht wurde, die im Schrittempo neben mir herfuhren. Beim letzten Autofahrer war ich dann so wütend, daß ich ihm in die Tür trat. Daraufhin stieg er ebenfalls wütend aus und wollte mir doch tatsächlich eine langen. Wenn mir nicht ein paar Nutten zu Hilfe gekommen wären, die plötzlich aus den Büschen strömten, hätte ich ganz schön alt ausgesehen. Sie klärten mich gleich auf, und der Autofahrer ließ sich besänftigen.«

Sheun lachte und sagte: »So was Dämliches kann auch nur dir passieren.«

»Wenn nicht viel Betrieb ist, dann fällt dir das wirklich nicht auf. Und wenn ich abends von der Arbeit müde nach Hause komme, dann achte ich auch nicht auf jede Kleinigkeit. Damals habe ich nämlich mein Geld in der U-Bahnstation mit Kohlezeichnungen verdient und bin immer ganz kaputt rausgekommen.«

»Jedenfalls gut, das zu wissen. Ich hätte wahrscheinlich gedacht, daß man mich nach dem Weg fragen wollte, wenn ein Auto vor meinen Füßen gestoppt hätte.«

Als wir nach Hause in unser Zimmer kamen, hielten wir beide spontan inne und fingen an zu kichern. Ich glaube, wenn sich einer von uns in die Mitte des Zimmers gestellt und jeweils in der rechten und linken Hand einen Pinsel gehalten hätte, wäre es möglich gewesen, gleich zwei Wände auf einmal zu streichen.

Sheun packte ihre Sachen aus und holte eine komische Buddha-Figur heraus. Strahlend hielt sie das Ding in den Händen und sagte:

»Den habe ich mir selber anfertigen lassen. Ist aus Bronze gegossen. Willst du ihn mal angucken.«

Ich setzte mich zu ihr aufs Bett, und sie gab ihn mir. Aber kaum hatte ich das Ding in den Händen, zerplatzte es in tausend Teile. Erschrocken sprang ich auf und sagte: »Ich habe gar nichts gemacht!«

Sheun wurde kreidebleich und stammelte: »Das habe ich gesehen. Aber das ist doch nicht möglich!«

Ich mußte lachen und sagte: »Der erlebt bestimmt keine Wiedergeburt mehr.«

Sheun konnte darüber gar nicht lachen und sagte abermals: »Das ist nicht möglich! Das ist nicht möglich!«

Sie machte ein so entsetztes Gesicht, daß sie mir leid tat, und ich sagte: »Ich habe keine Ahnung, was du dafür bezahlt hast. Scheint aber keine gute Arbeit gewesen zu sein.«

»Er war aus Bronze gegossen, Renate! Guck dir doch mal die winzigen Teile an. Das ist unmöglich!«

Ich stöhnte und zuckte nur mit den Achseln.

Sheun saß eine geraume Zeit unbeweglich da. Der Schreck war ihr durch Mark und Bein gegangen.

»Wenn ich genug Geld habe, bezahle ich dir den Schaden«, sagte ich.

Sheun schüttelte den Kopf. Ihre Augen füllten sich mit Tränen. »Bitte, erzähle mir was von deinem Gott.«

»Ein anderes Mal, Sheun. Jetzt mußt du mir erst mal helfen, dich besser zu verstehen. Du hast dich verändert. Ich habe den Eindruck, daß du irgendwie kälter geworden bist, und ich fühle mich in deiner Nähe nicht wohl. Es ist so komisch mit dir, irgendwie beklemmend. Was ist los?«

Sie schüttelte den Kopf. Dicke Tränen rannen ihr über die Wangen, und sie sagte: »Bitte, erst du!«

Und so fing ich an zu erzählen. Beschrieb, wie ich zu Gott gefunden hatte, berichtete über Jesus, der nicht will, daß unsere Seelen sterben, weil er uns schrecklich lieb hat. Ich kam vom Hundertsten ins Tausendste, und Sheun hörte schweigend zu. Dabei liefen ihr unaufhaltsam die Tränen übers Gesicht, aber das Entsetzen war von ihr gewichen.

Als ich fertig war, fragte sie: »Und deine Seele hat jetzt Ruhe gefunden?«

Ich lachte: »Schön wär's! Nein, Ruhe bestimmt nicht, aber Frieden. Seit meiner Rückkehr stürzen die Ereignisse nur so auf mich ein. Aber trotzdem habe ich Frieden.«

Sheun lächelte: »Bei deinem Lebensstil wird es wohl auch kaum Ruhe geben. Frieden ist tatsächlich der bessere Ausdruck. Doch nun beantworte mir noch eine Frage: Du hast gesagt, daß es nur Gnade ist, an Gott glauben zu können. Aber Gnade ist eine willkürliche Sache. Dem einen kann ich sie geben und dem anderen nicht. Was hat das mit Liebe zu tun?«

»Ja, Gott kann seine Gnade auch jemandem verwehren. Ich glaube jedoch nicht, daß er das jemals nur so aus einer

Laune heraus tut. Grundsätzlich gibt er sie jedem, der auf ihn hofft, denn Gott ist Liebe. Wer seine Liebe haben will, der bekommt sie auch, wenn er keine Hintergedanken dabei hat. Gott ist der Vater der Menschheit, und wir sind seine Kinder. Gott ist die vollkommene Liebe, die uns ewiges Leben schenkt. Bei Gott gibt es nur eine Wiedergeburt, und die findet noch während unseres Lebens statt. Unsere Seele wird Stück für Stück zu Gott hingezogen, wird von seinem Heiligen Geist erzogen und immer wieder durch die Vergebung gereinigt.

Für mich ist jede erneute Umkehr, jede Bitte um Vergebung ein neuer Anfang, eine neue Geburt, denn noch mal ganz von vorne anfangen kann man nur dann, wenn man neu geboren wird. Vergiß den Quatsch mit der Seelenwanderung, denn das macht den Menschen nur angst. Allein der Gedanke, daß ich in meinem nächsten Leben zum Beispiel in Äthiopien geboren werden könnte, würde mich irre machen. Ich wüßte heute schon, daß ich sicherlich nicht zu denen gehören würde, die das Glück hätten, von Unicef oder sonst irgendeiner Hilfsorganisation durchgefüttert zu werden. Na, wie auch immer, eins steht fest: Wo ich auch hinkäme, ich gehe nicht noch einmal zur Schule! Dann eher ins Nirwana!«

Sheun lachte und schüttelte den Kopf. Dann wurde sie wieder ganz ernst und sagte: »Ja, Renate. Ich habe Angst.«

Sheun fing wieder an zu weinen. Mir tat das so weh, daß ich sie entgegen meiner sonstigen Gewohnheit einfach in die Arme nahm und tröstete, obwohl sie nicht im Sterben lag.

»Mein Gott«, dachte ich immer wieder. »Was hat man nur mit ihr gemacht? Sie ist ja fix und alle! Lieber Gott, in Jesu Namen, mach alles wieder gut!«

Als sie sich ausgeweint hatte, sagte sie: »Renate, mit mir stimmt etwas nicht. Ich leide häufig unter Todesängsten und habe überhaupt keine Freude mehr am Leben.«

»Hm! Und was glaubst du, was mit dir los ist?«

»Ich weiß es nicht«, sagte sie. »In Hongkong habe ich ein

paar Fachbücher gelesen. Es sieht fast so aus, als ob ich unter einer schweren Depression leide.«

»Dann brauchst du einen Arzt. Man soll solche Gemütskrankheiten nicht auf die leichte Schulter nehmen. Wir können ja erst mal sehen, wie es dir die nächsten Tage geht, dann sehen wir weiter.«

Am nächsten Tag waren wir erst mal damit beschäftigt, eine Verlängerung der Aufenthaltsgenehmigung zu bekommen. Aber man sagte Sheun, sie solle erst wiederkommen, wenn die vier Wochen abgelaufen waren. Bürokratie! Zum Kotzen! Stunden hatten wir praktisch nur darauf gewartet, daß wir das von irgendeinem Willi zu hören bekamen. Ich war geladen.

Sheun lächelte und sagte: »So ist das halt. Reg dich doch nicht auf.«

Wir gingen gleich danach zum Markt, um einzukaufen. Die Thailänderin hatte uns im Zimmer zwei elektrische Kochplatten überlassen, und wir beide hatten noch je einen Gaskocher. Damit konnte man schon was anfangen. Sheun konnte ganz toll kochen.

Tage darauf bekam sie große Probleme. Sie weinte viel und meinte, daß das Leben nichts wert sei, wenn man andauernd mit Grauen an den Tod denken müsse. Sie sprach von Selbstmord, und ich traute mich nicht, sie alleinzulassen. Sheun wollte das Zimmer nicht mehr verlassen, und ich war verzweifelt. Wir lebten ja auf so engem Raum zusammen, daß wir keine Möglichkeit hatten, uns mal zurückzuziehen.

Irgendwann gingen mir die Nerven gewaltig durch, und ich schrie sie an: »So geht das nicht weiter, Sheun! Wir müssen etwas unternehmen!«

Sheun antwortete nicht, und ich war drauf und dran, ihr eine runterzuhauen, damit sie wieder zur Besinnung kam. Aber statt dessen verließ ich das Zimmer und fuhr stundenlang mit der Metro herum. Während dieser Zeit betete ich wie verrückt: »Ich bin am Ende, Jesus. Total überfordert. Ich weiß nicht mehr, wie ich Sheun helfen kann. Bitte tu was, denn ich weiß nicht mehr weiter.«

Irgendwann im Laufe des Nachmittags verließ ich dann die Metro, ohne darauf zu achten, wo ich überhaupt war. Ich bummelte durch die Straßen und konnte mich für eine kleine Weile ablenken. Hin und wieder atmete ich tief ein, um mich etwas mehr zu entspannen.

Es duftete nach orientalischer Küche, als ich durch die Rue Ferdinand Duval ging. Aus mehreren Cafés drang arabische Musik, und von irgendwoher vernahm ich laute Gebete in derselben Sprache, die mit dem Küchendunst zum Himmel geschickt wurden. Der Orient in Paris. Auch Juden wohnten hier, ich entdeckte ein paar jüdische Geschäfte und Restaurants.

Als es dämmrig wurde, kamen plötzlich aus allen Himmelsrichtungen arabische Männer auf mich zu und machten mir eindeutige Angebote. Ich hatte alle Mühe, sie mir vom Hals zu halten, und war froh, als ich die Metro erreichte. Ich war erstaunlich ruhig, hatte ein gutes Gefühl und war voller Hoffnung, daß alles wieder gutwerden würde.

Sheun lag auf dem Bett und schlief, als ich ins Zimmer kam. Ich weckte sie und sagte: »Steh auf! Heute abend machen wir einen Bummel durch Paris.«

»Ich habe keine Lust!«

»Danach dürfen wir in deiner Situation nicht gehen. Entweder du kooperierst jetzt mit mir, oder ich packe sofort meine Sachen.«

Sheun gab sich einen Ruck und ging widerwillig mit mir. Aber im Laufe des Abends lebte sie auf. Wir schlenderten die Champs-Élysées entlang, tranken irgendwo Kaffee und Tee, erzählten, lachten und konnten uns mal wieder richtig freuen. Die halbe Nacht verbrachten wir in der Stadt und fielen dann halb tot, aber glücklich ins Bett.

Den Tag darauf erklärte ich Sheun, daß wir für jeden einzelnen Tag einen festen Plan machen müßten, damit sie erst einmal so etwas wie einen Rahmen, eine äußerliche Ordnung hatte. Sheun machte mit: Sieben Uhr aufstehen, acht Uhr dreißig frühstücken. Danach betete ich, während sie in der Bibel lesen konnte. Wir kauften noch eine Bibel in englischer Sprache, und ich suchte ihr ausschließlich schöne Kapitel und Verse heraus. Dann gingen wir zum Markt einkaufen und kochten zusammen unser Mittagessen. Nicht eine Minute am Tag wurde dem Zufall überlassen.

Zwei Wochen später betete Sheun das erste Mal zu Gott. Danach ging es nur noch aufwärts. Sie verschlang das Neue Testament regelrecht und diskutierte darüber. Bald war sie auch in der Lage, sich um ihren Studienplatz zu kümmern. Langsam aber sicher hatte das Leben sie so richtig wieder, und als sie eines Abends fragte, ob wir denn nicht mal in »Sein Haus« gehen könnten, da wußte ich, daß das Schlimmste überstanden war.

Eine Stunde später verließen wir beide den Gottesdienst. Da unser Französisch nicht ausreichte, um eine Predigt in dieser Sprache auch nur halb zu verstehen, hatten wir uns eine Kirche ausgesucht, wo in englisch gepredigt wurde. Aber diese bestand mehr oder weniger nur aus dem Vorlesen eines neutestamentlichen Kapitels und einem dazu abgehaltenen Statement des Predigers, bei dem uns beinahe die Füße einschliefen. »Tu me casses les pieds!« würden die Franzosen dazu sagen, was soviel bedeutet wie: »Du gehst mir auf den Geist!«

Ich erklärte Sheun, daß es schon eine Zeit dauern kann, bis man die richtige Gemeinde gefunden hat. Sie nickte verständnisvoll.

Hinterher amüsierten wir uns auf einem der gigantischen Flohmärkte, die wirklich einzigartig sind. Dabei kamen wir an einem Hütchenspieler vorbei, der den Leuten geschickt das Geld aus der Tasche zog. Hundert Franc war der Mindesteinsatz, und Sheun schaute neugierig zu. Wir beobachteten die Leute eine ganze Weile aus einer sicheren Distanz, und jedesmal, wenn Sheun glaubte zu wissen, wo sich die Perle befand, wunderte sie sich, daß sie wieder falsch getippt hatte.

Ich lächelte und sagte: »Nein, nein. Du liegst schon richtig. Nur bekommst du eine wichtige Kleinigkeit nicht mit.«

Fragend schaute sie mich an, und ich erklärte: »Paß auf! Zwei von den Männern, die ihren Einsatz dem Hütchenspieler geben, sind nicht etwa ahnungslose Besucher des Flohmarkts, die einfach mal ihr Glück versuchen wollen. Sie sind Komplizen. Der Hütchenspieler läßt sie oft gewinnen, und so werden die Zuschauer angelockt. Sobald ein Zuschauer mitspielen will und seinen Einsatz gesetzt hat, setzen die Hütchenspieler mit und verlieren alle drei. Aber in Wirklichkeit verliert nur einer: der Neue. Wenn du genau aufpaßt, siehst du, wie sich einer der Komplizen in einem klitzekleinen Augenblick so vor den Besucher schiebt, daß dieser für den Bruchteil einer Sekunde nichts sehen kann. Genug Zeit, um die Muscheln zu verschieben. Aber der Besucher wird nicht skeptisch, weil er ja glaubt, daß die anderen beiden genau aufgepaßt und hingesehen haben. Und er glaubt, daß er ebenfalls noch genau weiß, wo sich die Perle befindet, und tippt natürlich falsch.«

»Aber das ist doch Betrug!« stellte Sheun entsetzt fest.

»Ja, natürlich. Aber es lohnt sich«, sagte ich trocken.

Plötzlich ertönte ein Pfiff. Der Hütchenspieler stellte in Windeseile seine Kartons ineinander, die als Ablage gedient hatten, und verschwand hinter einem der Trödelstände. Wieder schaute mich Sheun fragend an, und ich sagte: »Eine Hütchenspielergruppe besteht meistens aus vier bis fünf Mann. Einer schiebt die Muscheln oder Streichholzschachteln herum, zwei fungieren als Mitspieler, und ein oder zwei sorgen dafür, daß sie nicht von der Polizei erwischt werden. Natürlich ist diese Art von Spiel verboten. Eine kurze Zeit nach dem Pfiff wird die Polizei hier auftauchen. Guck, da sind sie schon. Hui! Das war knapp!«

Zwei Polizisten spazierten durch die engen Gassen der Stände. Jeder große Flohmarkt wird von der Polizei kontrolliert.

Sheun lachte und fragte: »Woher weißt du das?«

»Wenn man die Dinge lange genug beobachtet, kommt jeder dahinter. Nur sind die meisten Leute so gierig nach dem schnellen Geld, daß sie nur die Perle unter der Muschel beobachten und für alles andere keinen Blick mehr haben. So schnell, wie sie das Geld verdienen wollten, haben sie es dann verloren.«

Wir gingen weiter. Plötzlich entdeckte ich die Miniatur eines Stuhles. Sie war ungefähr drei Zentimeter hoch, aus irgendeinem Metall gearbeitet. Sie gefiel mir sehr. Ich nahm das Ding in die Hand und fragte den jungen Mann, der dort stand, was das denn sei.

»Das sind Gewichte, die wir in unserem Land benutzen. Ein Tisch, ein Stuhl oder ein Hocker. Jedes Ding hat sein spezifisches Gewicht. Sie sind keine Französin, nicht wahr?« fragte er auf englisch.

Ich sagte ihm, daß ich Deutsche sei, und fragte, aus welchem Land er denn käme. Ich erinnere mich nur noch, daß es ein afrikanisches Land war.

»Du kannst das Ding für vierhundert Franc haben. Eigentlich verkaufe ich es nur für fünfhundert. Aber weil du es bist!« bemerkte er mit einer ordentlichen Portion Charme in seinen Worten.

»Vierhundert! Nee! Das ist mir zu viel!« sagte ich grinsend.

Er zuckte nun gleichgültig mit den Achseln, doch ich behielt die Miniatur in den Händen und schaute sie gespielt sehnsüchtig an.

»Wieviel ist sie dir denn wert?« fragte der junge Afrikaner nach einer Weile.

»Fünfzig Franc.«

»Was?! Bist du verrückt geworden?«

»Dann eben nicht!« sagte ich und stellte das Ding zurück.

Als ich Anstalten machte zu gehen, sagte er: »Gut, gut! Warte! Nun, ich mache dir ein Angebot. Hundertfünfzig Franc! Weniger geht wirklich nicht. Ich muß schließlich auch was dran verdienen. Von dem Geld, das ich hier mache, ernähre ich meine Familie. Ich habe vier Kinder, und meinen Eltern schicke ich auch noch jeden Monat Geld.«

Ich stöhnte und sagte: »Ja, man hat es heutzutage wirklich nicht leicht. Meine Mutter ist schwer krank, und ich weiß nicht, wie ich die Krankenhauskosten bezahlen soll. Sie war nämlich nicht versichert. Manchmal weiß ich einfach nicht mehr weiter. Schade! Dieses kleine Stühlchen hätte ihr bestimmt gefallen.«

Der junge Mann schaute mich grinsend an und sagte: »Mann, das war verdammt gut. Her mit den fünfzig Franc, du Schlitzohr!«

»Gleichfalls«, sagte ich grinsend und gab ihm das Geld.

Sheun lachte, als ich bis über beide Ohren strahlte. »Du solltest ein Geschäft aufmachen!« sagte sie.

Ich weiß nicht warum, plötzlich packte mich wieder die Reiselust. »Sag mal, Sheun, kannst du an der Uni auch mal schwänzen, oder schmeißen sie dich raus, wenn du nicht kommst?«

»Nein, ich muß nur meine Prüfungen bestehen«, sagte sie und schaute mich grinsend an.

»Wollen wir mal für ein paar Tage 'ne Fliege machen?«

Sheun lachte hell auf und sagte: »Du wirst es nicht glauben, aber ich habe gerade auch so etwas gedacht. Wohin?«

»Keine Ahnung. Ich dachte, wir stellen uns einfach an die Autobahn und steigen ein. Mal sehen, wo wir landen.«

»Na, dann los! Ich schlage vor, daß wir heute mal nicht kochen. Mir hängt der Magen nämlich schon in den Knie-kehlen. Morgen früh können wir dann aufbrechen.«

»Prima! Wo gehen wir hin? Zum Italiener, zum Türken, oder wollen wir mal französisch schlemmen?«

»Ich habe schon eine Ewigkeit nicht mehr italienisch gegessen«, sagte sie.

»Dann los!«

Eine Dreiviertelstunde später saßen wir beim Italiener und warteten. Wir hatten beide Lasagne geordert und warteten sage und schreibe fast eine Stunde darauf. Als das Essen endlich serviert wurde, fragte der Kellner, ob wir noch ein Getränk wollten.

Ziemlich sauer sagte ich: »Nun, wir hätten gerne noch

zwei trockene Weißweine. Aber wir wollen morgen verreisen! Meinen Sie, daß wir das Risiko eingehen und trotzdem bestellen sollten?«

»Entschuldigen Sie bitte, daß es so lange gedauert hat. Natürlich geht der Wein auf Kosten des Hauses«, sagte der Kellner.

Das besänftigte mich sofort, und ich lächelte ihn dankend an.

Sheun schüttelte den Kopf: »In China wäre man aus allen Wolken gefallen, wenn du das dort gesagt hättest.«

»Sheun, wir haben Lasagne bestellt und kein Fünf-Gänge-Menü. Außerdem hätten wir ja auch nur je ein Glas Wein getrunken, wenn das Essen pünktlich gekommen wäre.«

Am nächsten Morgen brachen wir früh auf und trampten in Richtung Melun. Wir mußten nicht lange warten, bis das erste Auto stoppte. Da Sheun schon sehr gut Französisch sprach, stieg ich hinten ein, damit sie sich mit dem Fahrer unterhalten konnte. Ich war noch müde und lag mehr auf dem Rücksitz, als daß ich saß. Der Fahrer redete mit Sheun, meinte, daß sie ein »hübsches Gesicht« habe usw. Sheun antwortete nicht, und ich dachte: »Das fängt ja gut an.«

Weil Sheun nicht antwortete, verstummte der Mann nach einer Weile, und ich schlief ein. Irgendwann wurde ich dann laut geweckt: »Renate, wach auf!!!«

»Was ist?« brummte ich.

»Er hat sein ›Ding‹ rausgeholt!« sagte sie.

»Wie bitte?!«

»Du hast schon richtig gehört! Und er hat gesagt, daß er es sein Kätzchen nennt.«

»Hm! Interessant. Was es alles gibt! Und was hat er noch gesagt?«

»Er hat mich gefragt, ob ich es nicht mal streicheln wollte«, sagte Sheun mit bebender Stimme.

Ich mußte lachen und sagte: »Sage ihm, daß er sofort anhalten soll, sonst kriegt sein Kätzchen ein paar auf die Schnauze!«

Sheun sagte zu ihm: »Halten Sie sofort an, sonst . . .«

Den Rest übersetzte sie lieber nicht. Der Fahrer hielt an und verfluchte uns, als wir den Wagen verließen.

Sheun war kreidebleich, und ich sagte: »Du solltest nie alleine trampen, Sheun, denn du kannst dich nicht wehren.«

»So was habe ich noch nie erlebt«, stammelte sie.

»Nun beruhige dich erst mal. Solche Männer sind im allgemeinen ungefährlich und ziemlich arm dran.«

»Meinst du?«

Ich nickte und sagte: »Wenn du jetzt lieber mit dem Zug fahren möchtest, kann ich das gut verstehen.«

»Nein, nein. Aber allein würde ich niemals per Anhalter fahren. Ich war wie gelähmt.«

Das nächste Auto kam aus England. Ein Ehepaar saß darin und ließ uns einsteigen. Das gefiel Sheun schon besser. Erleichtert atmete sie auf.

»Wo möchtet ihr denn hin?« fragte die Frau, als wir schon eine Weile gefahren waren.

»Das wissen wir eigentlich gar nicht so genau. Wir wollen uns ein paar schöne Tage machen und die Gegend ein bißchen erkunden«, sagte Sheun.

»Habt ihr ein Zelt mit?« fragte der Mann.

Sheun bejahte, und er sagte: »Dann kommt doch mit uns! Wir fahren nämlich in die Nähe von Fontainebleau. Da findet nämlich gerade eine christliche Freizeit statt. Wir sind Christen und wollen eine Woche dableiben.«

Ich traute meinen Ohren nicht und sagte: »Das ist nicht wahr!«

»Doch, das ist es! Warum sollte es nicht wahr sein?«

»Nun, ich bin auch Christin und meine Freundin Sheun ist es vor kurzem auch geworden«, sagte ich fröhlich.

»Das ist ja toll!« sagte die Frau. »Was steht denn noch im Wege? Kommt einfach mit!«

Ich dachte: »Das ist die Gelegenheit für Sheun, etwas mehr Kontakt mit anderen Christen zu bekommen. Lieber Gott, das finde ich mehr als turboaffengeil von dir. Danke schön!«

Wir fuhren also mit und lernten auf der Freizeit gleich eine Menge netter Leute kennen. Mindestens dreihundert waren in diesem Zeltlager zu Gast, und Sheun fühlte sich richtig wohl. Jeden Tag wurde ein Vortrag über ein biblisches Thema gehalten, und das zweisprachig! Es bildeten sich Gebetsgemeinschaften und Freundschaften. Wir lernten sogar ein paar Leute aus Paris kennen, die uns in ihre Gemeinde einluden.

Diese Freizeit wurde nicht nur von einer einzigen Gemeinde organisiert. Es waren mehrere vertreten, und soweit ich das mitbekommen hatte, wurde diese Freizeit einmal im Jahr veranstaltet. Besser konnte es für Sheun gar nicht laufen.

Nach einigen Tagen wurde es für Sheun Zeit, mal wieder an ihr Studium zu denken, und so reisten wir ab.

Das ganze Wochenende machten wir es uns in unserem Zimmer gemütlich. Es goß nämlich in Strömen. Sheun schrieb ihren Eltern einen Brief und verschwieg auch nicht ihre Bekehrung. Sie sagte: »Bin ganz gespannt, wie die darauf reagieren. Wie haben eigentlich deine Eltern damals reagiert?«

»Ziemlich skeptisch, aber doch gelassen. Anfangs dachten sie, ich wäre einer Sekte in die Hände gefallen, doch das konnte ich erklären, und sie hatten dann keine Angst mehr um mich. Danach dachten sie, es wäre nur so eine Phase wie die Wechseljahre oder so was Ähnliches, und es würde schon vorübergehen. Ja, und schließlich hatten sie sich daran gewöhnt und fanden es auch gar nicht so übel. Mein Vater sagte mal, daß er irgendwie Mitleid mit Gott hätte, jetzt, wo ich sein Kind wäre, weil Gott nun genauso wenig Schlaf bekäme wie er.«

»Dein Vater hat Humor«, meinte sie lächelnd. »Und du hast ihn geerbt.«

»Das stimmt. Sein Humor ist allererste Sahne.«

Am Sonntag nach dem verregneten Wochenende gingen wir dann zu der Gemeinde, in die man uns eingeladen hatte.

Sheun und ich fühlten uns gleich ganz wohl. Das Ehepaar, das wir bei der Freizeit kennengelernt hatten, nahm uns nach dem Gottesdienst mit zu sich nach Hause, und wir aßen bei ihnen zu Mittag. Dort bekamen wir dann auch direkt eine Einladung zu einem Hauskreis. Was konnte jetzt noch passieren?

Bevor ich Richtung Süden weiterreiste, ging ich gemeinsam mit Sheun zu diesem Hauskreis und bat sie, dort Hilfe zu suchen, falls sie wieder irgendwelche Probleme bekommen sollte. Als wir uns verabschiedeten, sagte sie: »Mach dir keine Sorgen, Renate. Ich bin übern Berg.«

»Das glaube ich auch. Aber paß trotzdem auf dich auf! Jetzt, wo du in Paris bist, sehen wir uns ja noch öfters. Wir schreiben uns auch, ja?«

»Ja«, sagte sie und drückte mich. »Und vielen Dank. Die Zeit mit mir war bestimmt nicht einfach für dich. Ich weiß gar nicht, wie ich das wiedergutmachen kann.«

»Ist ja schon gut, Sheun. Ich freue mich, daß du wieder die bist, die ich damals kennengelernt habe. Bleibe nur in Gott und schreibe an meine Heimatadresse, wenn was ist. Die Post wird mir von dort nachgeschickt.«

Als ich die Rue Michel-Ange entlang zur Metro ging, dachte ich: »Ja, Jesus. Paß auf sie auf. Sie braucht dich ganz doll.«

Der Absturz

Eigentlich stand diese Bergbesteigung gar nicht auf meinem Reiseplan, sofern ich in meinem Leben überhaupt etwas geplant hatte. Vor wenigen Tagen hatte ich den Pilgerort Lourdes verlassen. Nun wanderte ich ein bißchen durch die Gegend, bis ich mich dann urplötzlich entschied, die Pyrenäen zu erkunden.

Es war noch früher Morgen, als ich am Fuße der Gebirgskette angelangt war. Ich hatte in einem kleinen Dorf übernachtet und fühlte mich einfach unvorstellbar lebendig und unternehmungslustig. Noch einmal schaute ich mir die Karte an, dann marschierte ich los. Ich steuerte auf einen mir noch unbekannten Gipfel zu, den man auf einem schmalen und steilen Pfad erreichen konnte. Nicht unerfahren in derartigen Unternehmungen, rechnete ich mir aus, daß ich spätestens um zwölf Uhr mittags den Gipfel erreicht haben müßte. Es war einer dieser herrlichen Herbsttage, die einen dazu veranlassen, noch einmal tief durchzuatmen. Trotzdem ertappte ich mich dabei, wie ich ein paar Mal die Luft so tief einsog, als ob ich mit aller Gewalt noch irgendeinen letzten Fetzen Leben in mich hineinsaugen wollte. Merkwürdig, dachte ich. Doch dieses komische Gefühl verschwand so schnell, wie es gekommen war.

Wie vorausgesehen, erreichte ich den Gipfel um die Mittagszeit. Ich war überwältigt von dem Anblick, der sich von dort aus bot. Ziemlich lange stand ich da und war einfach begeistert von der Schönheit der Natur. Dann wurde es Zeit für den Abstieg, doch vorher wollte ich noch ein Foto machen. Dazu wagte ich mich ganz nah an den Abgrund. Das letzte, woran ich mich erinnern kann, war, daß ich versuchte, meine Kamera aus dem Rucksack zu angeln, ohne ihn dabei abzuschnallen.

Als ich erwachte, fand ich mich auf einem Felsvorsprung wieder. Zuerst begriff ich nichts. Irgendwie schien mich das alles gar nicht zu berühren. Im ersten Augenblick war es sogar so, als ginge mich das alles überhaupt nichts an. Erst nach einer geraumen Zeit verstand ich, daß ich einen epileptischen Anfall gehabt hatte. Der Felsvorsprung, der sich in der Mitte des Berges befand, hatte mich aufgefangen, aber ob das meine Rettung war, wagte ich zu bezweifeln.

Vorerst sah ich nur, daß ich mich erheblich verletzt hatte. Mein linker Unterarm war gebrochen, aus einer Platzwunde am Hinterkopf sickerte das Blut, und mein rechtes Bein war überhaupt nicht wiederzuerkennen. Es war derartig aufgerissen, daß man Schien- und Wadenbein deutlich sehen konnte. Der Unterschenkel hing wie ein blutiges Stück Fleisch so weit herunter, daß er die Ferse berührte. Aber gebrochen schien das Bein nicht zu sein. Zudem hatte mir der Sturz auch noch den Rucksack und beide Schuhe vom Leib gerissen.

Das war also meine Lage. Immer noch betrachtete ich meine Situation ohne eine Regung, als ginge sie mich überhaupt nichts an. Ich habe keine Ahnung, wie lange ich in diesem schockähnlichen Zustand verharrte, bis mich plötzlich der Wille zum Leben wie ein Blitz vom Himmel durchzuckte. Erst in diesem Augenblick kam die Angst, die Angst, erbärmlich verrecken zu müssen. Ruhe bewahren! Keine Panik! Das sagen immer nur die anderen, die das Geschehen vom Rand aus beobachten und nicht selbst darin verwickelt sind. In diesem Augenblick wünschte ich alle diese Klugscheißer sonstwohin.

»Gut«, dachte ich. »Sterben kannst du immer noch. Aber jetzt tu erst mal was, denn noch lebst du.«

Ich zog mein T-Shirt aus, streifte mir den BH ab und versuchte mit letzterem, den Unterschenkelmuskel an den Knochen zu befestigen. »Da gehörst du hin, klar?«

Die erste Aufgabe war damit erledigt. Danach nahm ich mein T-Shirt, riß es, soweit es ging, auseinander und band das Bein oberhalb des Knies ab, in der Hoffnung, daß ich damit die Blutung stillen konnte. Die Platzwunde am Hinterkopf störte mich nicht so sehr, aber wenn das Bein weiterhin so blutete, waren meine Überlebenschancen gleich Null.

Danach gab es nichts mehr zu tun. Schaute ich nach unten, so guckte ich in eine schwindelerregende Tiefe. Sah ich nach oben, erblickte ich eine steil aufragende Felswand, die in meinem Zustand unmöglich zu erklimmen war. Diese Aussicht reizte mich plötzlich zu hemmungslosem Lachen, denn mir wurde klar, daß ich mich nur notdürftig versorgt hatte, um letztendlich doch zu krepieren. Das Lachen ging in ein genauso hemmungsloses Weinen über. Zum ersten Mal in meinem Leben weinte ich ganz erbärmlich. Aber auch das Weinen hörte ganz plötzlich auf. Mit einem Mal überkam mich eine Ruhe, wie ich sie noch nie zuvor erlebt hatte.

»Nun liege ich hier«, dachte ich, »und wundere mich doch sehr. In diesem Moment zwischen heute morgen, in den ich nicht mehr zurück kann, und dem Abend, den ich vielleicht gar nicht mehr erlebe, erfahre ich mal wieder, was Hoffnung ist.«

Es ist leicht zu hoffen, wenn man noch Möglichkeiten ins Auge fassen kann, die vielleicht Realität werden können. Aber es ist unendlich schwer, zu hoffen, wenn man nichts als eine gähnende Leere und den Tod vor Augen hat. Das war meine Situation, aber ich konnte trotzdem noch hoffen. Meine ganze Hoffnung sah ich nur noch in Gott. So erfuhr ich, was Gnade auch bedeuten kann, denn es ist Gnade, wenn man in einer derartigen Lage noch auf eine Rettung hoffen kann. Und das ist das einzige, was den Menschen bis zum letzten Atemzug am Leben erhält.

Die Schmerzen führten mich mit aller Gewalt aus meinen Gedanken zurück in die furchtbare Wirklichkeit. Das Bein tat unglaublich weh, und die Zeit verstrich erbarmungslos. Um nicht den Kopf zu verlieren, wiederholte ich immer nur die beiden Sätze: »Gott, hilf mir! Ich bin noch nicht bereit, zu sterben.« Ich schaute in den Himmel und versuchte zu verstehen, was er in diesem Augenblick mit mir vorhatte.

»Ich werde nicht sterben, sondern des Herrn Werke verkündigen«, schoß es mir plötzlich durch den Kopf. Dieser

Psalm, der wie eine Antwort vom Himmel fiel, erfüllte mich und hatte eine derartige Überzeugungskraft, daß der Gedanke an den Tod regelrecht floh. Ich hielt es nun gar nicht mehr für so unmöglich, den Abstieg zu wagen.

Aber Mut allein genügte dafür nicht. Es brauchte auch den Glauben, mit Gottes Beistand Unmögliches möglich zu machen. Ich hatte mit einem Mal beides und bereitete mich auf den Abstieg vor. Ich mußte es einfach versuchen, denn niemand würde mich hier oben je finden. Ich wäre verblutet oder in der Nacht erfroren oder sonst irgendwas. Es gab nur diese eine Möglichkeit, zu überleben, und die mußte ich nutzen.

Ich schaute nach unten und sah einen halben Meter unterhalb des Felsvorsprungs einen herausragenden Stein, auf den ich zuerst treten und auf dem ich Halt finden würde. Mehr sah ich nicht, aber das genügte mir. Mit dem Bauch zur Wand und einem leblos herabhängenden gebrochenen Arm ließ ich mich nach unten gleiten. Danach ging alles sehr schnell. Ich hatte auf einmal das Gefühl im rechten Bein verloren und bemerkte zugleich, daß ich mich mit meiner rechten Hand nicht mehr halten konnte. Verzweifelt suchte ich mit meinem gesunden Bein den Stein, auf den ich treten wollte. Dann verließen mich die Kräfte, und ich stürzte in die Tiefe. Es war ein merkwürdiges Gefühl. Ich hörte mich jedesmal stöhnen, wenn mein Körper gegen die Felsen schlug, aber ich empfand keinerlei Schmerzen. Auch Ängste und bange Gedanken hatte ich nicht. Alles war so wunderbar ruhig.

Ein furchterregender Schrei ließ mich plötzlich aufwachen. Es war mein eigener, und als ich die Augen aufmachte, konnte ich nicht glauben, was ich sah. Ich lag am Fuß des Berges und lebte.

»Nein«, dachte ich. »Das kann nicht sein. Du mußt tot sein! Wer da hinunterfällt, muß mausetot sein! Es gibt keinen Zweifel an deinem Totsein.«

Mit diesen Gedanken schloß ich die Augen. Eine wohlige Wärme durchfuhr mich. Ich sah meine Mutter, wie sie Rosen pflanzte. Ich sah meinen Vater, wie er auf Intensiv an meinem Bett saß und weinte. Ich sah meine Ärztin und hörte ihre Stimme: »Lesen Sie mal den kleinen Prinzen, und ganz besonders die Geschichte mit dem Fuchs.«

Ich sah und hörte auch Piet: »Wer dich kennt, der muß an Gott glauben.« Ich sah sein Lächeln, das mir immer so gut getan hatte. Eine Reihe von schönen Erinnerungen tauchten nacheinander auf und lullten mich regelrecht ein. Gefühle kamen in mir hoch, in denen ich bleiben wollte.

Irgendwann hörte ich ein durchdringendes Stöhnen, das mich aus meinen Träumen riß, und wieder war es mein eigenes.

»Du lebst ja noch!« schoß es mir durch den Kopf, nur wußte ich nicht, ob ich mich darüber freuen sollte. Eigentlich war mir dieser Zustand nicht unbekannt. Schon oft hatte ich geglaubt, daß ich den nächsten Morgen nicht erleben würde. Dann war ich immer wieder sehr erstaunt und wunderte mich über diese unerklärliche Kraft, die das kleine Flämmchen des Lebens in mir leben ließ.

Diesmal ging es mir ähnlich, nur wußte ich nicht, ob mein Überleben ein neuer Start sein sollte oder nur eine qualvolle Verlängerung meines Daseins war, denn als ich es endlich wagte, meinen Körper anzuschauen, packte mich namenloses Entsetzen und steigerte sich bis zum Wahnsinn. Ich bildete mir ein, daß ich in die Klauen des Bösen geraten war und dieser mich regelrecht zerfleischt hatte. Der letzte Sturz hatte natürlich den lächerlichen Verband vom Bein gerissen, und es war ein Wunder, daß der Unterschenkel noch dranhing. Mein ganzer Körper war übersät von Platz- und Rißwunden, aber Gott sei Dank war das Bein das größte Übel geblieben.

»Dieses Bein werde ich verlieren!« dachte ich mit Grauen. »Wenn ich je gefunden werde und das hier überleben sollte, dann wird man mir das Bein abnehmen müssen.«

Mein linker Arm fing an wehzutun, und ich schrie zum Himmel: »Warum habe ich diesen Absturz auch noch überlebt? Ich werde es ja doch nicht schaffen!«

148

Ich war hin- und hergerissen zwischen Hoffnung und Verzweiflung. Ein unerträglicher Zustand! Die Hoffnung, die ich vor meinem mißglückten Abstieg gehabt hatte, verwandelte sich in ein trostloses Gefühl von Verlassenheit. Konnte es jetzt noch etwas geben, was mich nicht in den sicheren Tod jagen würde – wenn Gott nicht etwas geschehen ließ, was mir wieder den Mut zum Durchhalten gab?

Die Luft stank nach Angst, Schweiß und Blut. Ich rümpfte die Nase. Es stank nach Tod, und ich dachte: »Raus hier! Noch lebst du, du Idiot!«

Und so kroch ich vorwärts. Dornen und spitze Steine gruben sich in meine Haut, und ich schrie manchmal vor Schmerzen auf. Jedoch konnte mich nichts mehr davon abhalten, weiterzurobben, auch nicht der gebrochene Arm. Stunden kroch ich im Dreck herum, immer weiter, blind, ohne Orientierung.

Auf einmal mußte ich hell auflachen: »Auf allen Vieren kriechst du hier herum, hast nur noch eine zerfetzte Jeans am Leib und weißt überhaupt nicht, wohin du kriechst. So etwas Beklopptes kann nur dir passieren!«

Irgendwann ließen meine Kräfte merklich nach, aber ich wollte das Letzte aus mir herausholen. Ich legte mich auf den Rücken und schob mich mit meinem gesunden Bein vorwärts, bis ich vor Erschöpfung zitterte und keinen Millimeter mehr vorwärtskam.

»Nun gut«, dachte ich. »Du hast es versucht. Du hast es wenigstens versucht«, und schloß die Augen.

Die hohe Zeit war da. Ich wollte nicht mehr, weil ich nicht mehr konnte, und freute mich schon auf den Augenblick, Gott ins Antlitz sehen zu dürfen. Mein menschlicher Aufstand gegen den Tod verwandelte sich in ein einfaches Ergeben. Es würde nicht mehr lange dauern, und meine Seele würde sich einfach von diesem häßlichen und blutigen Fleischklumpen lösen und schnurgerade zu Gott aufsteigen, wie eine Säule sich zum Himmel reckt.

Ich weinte und hörte mich sagen: »Jesus, ich kann nicht mehr. Mehr kannst du nicht von mir erwarten.«

Am liebsten wäre ich nun eingeschlafen, doch irgend etwas in mir wollte unter allen Umständen hellwach bleiben. Es war das Gefühl, eine Gelegenheit zu versäumen, das mich nicht ins Reich der Träume schicken wollte.

Ich weiß nicht, wie lange ich da so gelegen hatte, als ich plötzlich Motorengeräusche vernahm. Ich lachte leise in mich hinein, denn im ersten Moment war ich davon überzeugt, daß ich schon halb verrückt war und mir das alles nur einbildete. Das Geräusch verschwand auch wieder, aber kurz danach vernahm ich es noch einmal.

»Nein«, dachte ich. »Du spinnst nicht. Du liegst hier nah an einer Straße und bist so bescheuert, kurz vor dem Ziel aufzugeben.«

Noch einmal mobilisierte ich all meine Kräfte und flehte Gott an, mir zu helfen. Und tatsächlich! Keine zwanzig Meter von dem Platz, an dem ich aufgeben wollte, war eine Landstraße. Noch nie in meinem Leben habe ich über eine Straße so gejubelt wie an diesem Tag. Nun lag ich am Straßenrand, halbnackt und blutverschmiert, und wartete auf einen »Lift«. Es dauerte auch gar nicht lange, bis das nächste Auto sich näherte. Ich hob meinen Arm, um den Fahrer auf mich aufmerksam zu machen.

Er sah mich! Er stoppte kaum einen Meter von meinen Füßen entfernt, und einen Augenblick später stand er schon vor mir. Mit weitaufgerissenen Augen und einem aschfahlen Gesicht starrte er mich an. »Mon Dieu! Mon Dieu!« stammelte er.

»Halleluja!« konnte ich nur stöhnend erwidern. Ich hoffte, daß der gute Mann jetzt nicht schlappmachte und in Ohnmacht fiel.

Als er sich ein wenig gefangen hatte, hob er mich vorsichtig auf und legte mich, so gut es ging, auf den zurückgeschobenen Vordersitz. Mit Tränen in den Augen streichelte er mir über den Kopf und fuhr dann wie ein Henker die Straße entlang. Ich lächelte ihn an, als er sich einmal zu mir drehte, doch der arme Kerl war so geschockt, daß er nur gequält zurücklächeln konnte. Das sah vielleicht aus!

An einer einsam gelegenen Tankstelle hielt er an und redete mit einem Mann, der daraufhin sofort zum Telefon griff. Als er wieder zurückkam, schien er seinen Schreck überwunden zu haben und redete ruhig auf mich ein. Ich verstand nur ein paar Brocken, doch es beruhigte mich trotzdem.

»Bitte, geben Sie mir ein bißchen zu trinken. Ich habe schrecklichen Durst«, sagte ich.

Er schüttelte den Kopf und sagte: »Ich glaube, daß das nicht richtig ist. Der Notarzt kommt gleich, und wenn er nichts dagegen hat, können Sie etwas bekommen.«

Ich nickte. Der Mann aus der Tankstelle brachte einen nassen Lappen, den der Fahrer auf meine Stirn legte. Während er sich so lieb um mich kümmerte, hörte ich schon die Sirene eines Rettungswagens. Als der Arzt vor mir stand, schaute er mich entsetzt an und sagte auch: »Mon Dieu!«

Er streichelte meinen Kopf und fragte mich nach meinem Namen, wohl in der Absicht, zu erfahren, ob ich noch Herr meiner Sinne war. Ich fragte ihn, ob er Englisch sprechen könne, weil mein Französisch so erbärmlich war. Er nickte und sagte mir dann auf englisch, daß alles gut werden würde. Seine Stimme zitterte vor Erregung, und er bat die Helfer, die Trage zu holen.

Ich atmete tief durch, denn nun glaubte ich auch, daß alles gut werden würde. Schnell bedankte ich mich noch bei dem Fahrer, der mich hierher gebracht hatte, und dann ging es ab.

Der Arzt saß neben mir und sagte bewegt: »Sie stellen alles in den Schatten, was ich in meiner zehnjährigen Laufbahn als Arzt gesehen habe. Können Sie mir sagen, welches wilde Tier Sie so zugerichtet hat?«

Ich lachte und sagte: »Das Tier hieß Napoleon, aber ich sage Ihnen, diesmal war es seine letzte Schlacht!«

Ich verspürte keinerlei Schmerzen mehr, hörte nur sein erquickendes Lachen. Vorsichtig hob er meinen Oberkörper hoch, drückte ihn sanft an sich und lachte sich die Seele aus dem Leib.

»Mon Dieu! Mon Dieu!« rief er immer wieder lachend.

Und ich lachte mit ihm, lachte und lachte und spürte dabei, daß ich nicht mehr lange bei Bewußtsein bleiben würde.

Als ich wieder zu mir kam, lag ich in einem weißen Bett. Der linke Arm in Gips, das rechte Bein geschient, und den Kopf verbunden.

»Haben Sie Schmerzen?« fragte die Sitzwache.

Ich konnte nicht antworten, stöhnte nur. Die Schwester ging hinaus und kam mit einem Arzt zurück.

»Guten Abend. Ich bin Dr. B. Tut Ihnen etwas weh?«

»Mein Bein«, sagte ich.

»Ich gebe Ihnen gleich eine Spritze. Aber vorher muß ich noch wissen, ob Sie allein waren, oder ob der Rettungsdienst noch nach Leuten suchen muß.«

»Ich war allein.«

»Gut. Ich komme gleich wieder. Tut das Bein sehr weh?«

»Ja, aber sagen Sie, werde ich mit diesem Bein auch wieder richtig laufen können?« fragte ich besorgt.

»Ich glaube schon, aber es wird dauern«, sagte er und verließ den Raum.

»So, die Spritze wird Ihnen die Schmerzen nehmen«, sagte er, als er wieder reinkam.

»Warten Sie!« sagte ich.

»Was ist?«

»Nun, ich wollte nur sagen, daß ich Epilepsie habe und nicht weiß, ob ich von der Spritze mehr Anfälle kriegen kann.«

»Was sagen Sie da?! Sie haben Epilepsie?«!

Ich nickte. Er schüttelte den Kopf und fragte nach den Medikamenten, die ich einnehme. Ein paar Minuten später bekam ich meine Antiepileptika und die Spritze.

»So, jetzt schlafen Sie erst mal. Morgen reden wir weiter.«

Ich schlief bis zum nächsten Morgen durch. Eine Schwester weckte mich, um mich zu waschen. Danach kam die Visite. Die Ärzte stellten sich um mein Bett herum, und einer von ihnen sagte: »So, und nun erzählen Sie uns doch bitte, was Ihnen passiert ist.«

»Da gibt es gar nicht so viel zu erzählen. Ich habe in den Bergen einen Anfall bekommen und bin abgestürzt.«

»Sie haben Epilepsie und krackseln allein in den Bergen herum?«

»So was soll vorkommen«, erwiderte ich trocken.

Alle schüttelten den Kopf, und für einen Moment glaubte ich, daß eine Gruppe von Parkinson-Kranken vor mir stand.

»Sie haben Glück gehabt. Wirklich großes Glück gehabt. Der linke Arm ist gebrochen, drei Rippen ebenfalls, und Ihr Bein haben wir wieder zusammengeflickt. Die Wunde am Kopf haben wir genäht, und anderthalb Liter Blut haben wir Ihnen auch gegeben. Wir hatten wirklich zu tun.«

»Was ist mit meinem Bein?«

»Die Narbe wird nicht so groß sein, wie Sie vielleicht glauben. Sehnen, Muskeln, alles ist wieder an seinem Platz. Auch . . .«

»Ich wollte eigentlich nur wissen, ob alles wieder in Ordnung kommt«, unterbrach ich ihn, denn ich war zu müde, um mich mit seinen Erklärungen beschäftigen zu können.

»Ja, das denke ich schon, aber es wird eine Zeit dauern. Nachher werden Ihnen noch die Dornen gezogen, die Sie noch in der Haut stecken haben. Heute nachmittag kommt dann ein Psychiater zu Ihnen und wird sich ein bißchen mit Ihnen unterhalten. Ich glaube nämlich nicht, daß der Absturz so spurlos an Ihnen vorübergegangen ist, wie es jetzt den Anschein hat, und möchte ein wenig vorsorgen.«

Ich nickte nur, denn mir war alles recht. Ich war froh, daß ich noch lebte und wieder richtig gesund werden würde. Alles andere war mir egal. Erst viel später wurde mir klar, wie wichtig psychiatrische Behandlung sein kann, wenn man so einen schweren Unfall hatte.

Kaum hatten die Ärzte das Zimmer verlassen, fielen mir wieder die Augen zu.

Irgendwann wurde ich vom Stationsarzt geweckt, der mir die Dornen aus der Haut zog. Nachdem das endlich auch erledigt war, atmete ich erleichtert auf und dachte: »So, jetzt kann es eigentlich nur noch aufwärts gehen.«

Plötzlich kam der Notarzt vom Rettungswagen in mein Zimmer und sagte: »Guten Tag. Ich wollte nur mal sehen, wie es Ihnen geht.«

»Danke, gut«, sagte ich.

Er nahm sich einen Stuhl und setzte sich an mein Bett. »Ich habe eine Karte von der Gegend, wo man Sie gefunden hat, mitgebracht. Wenn Sie mir zeigen können, wo Sie genau abgestürzt sind, kann ich dort nach Ihren Sachen suchen. Vielleicht finde ich sie ja wieder.«

»Das ist ja toll!« sagte ich und zeigte ihm die Absturzstelle.

Er lachte: »Das ist unmöglich!«

»Warum?«

»Das hätten Sie niemals überlebt.«

»Wieso? Bin ich tot und bilde mir nur ein, daß ich hier liege?«

»Überlegen Sie doch bitte noch mal genau«, lächelte er.

»Da oben war ich, und von da aus ging's auch runter, nur viel schneller.«

Er schaute mich an und fragte ernst: »Sind Sie da absolut sicher?«

Ich nickte.

Er nahm die Karte, faltete sie wieder zusammen und sagte: »Ich bin gleich wieder da.«

Ein paar Minuten später kam er mit einer Schwester zurück und sagte: »So, ich habe gerade mit dem Chefarzt gesprochen und ihm gezeigt, wo Sie heruntergefallen sind. Er hat angeordnet, daß man noch ein paar Röntgenaufnahmen macht. Wir wollen nur sicher sein, daß wir keine Verletzungen übersehen haben.«

Die Schwester fuhr mich mit dem Bett zum Röntgen, aber man fand keine weiteren Verletzungen.

Als ich wieder im Zimmer war, fragte ich: »Können Sie mir sagen, wo ich eigentlich bin?«

Die Krankenschwester hatte alle Mühe, ihr Entsetzen zu verbergen. »Einen Moment«, sagte sie und stürzte fast aus dem Zimmer.

»Was ist denn mit der los?« fragte ich mich.

Augenblicke später kam sie mit dem Stationsarzt zurück, der mich besorgt fragte: »Wie heißen Sie?«

Jetzt kapierte ich und sagte zur Schwester: »Ich glaube, Sie haben mich falsch verstanden. Natürlich weiß ich, daß ich in einem Krankenhaus liege. Aber ich habe keine Ahnung, in welchem Ort ich bin.«

»Ach so!« sagte der Arzt erleichtert. »Nun, Sie sind in Lourdes, im städtischen Krankenhaus.«

»Danke. Mehr wollte ich nicht wissen«, sagte ich.

Ich schaute aus dem Fenster. Man hatte einen herrlichen Blick auf die Pyrenäen.

»Komisch«, dachte ich. »Wie schnell man doch an einen Ort zurückkommen kann, den man gerade erst verlassen hat.«

Im Laufe des Tages bekam ich Hunger, aber außer Tee durfte ich noch nichts zu mir nehmen. Meine Haut fing an zu jucken, und ich wurde gereizt. Wegen der Verletzungen, die ja diagonal verliefen – rechtes Bein, linker Arm – war es mir nicht möglich, mich wenigstens mal auf die Seite zu legen. Eine Schwester rieb mich mit Franzbranntwein ein, was mir wenigstens ein bißchen Erleichterung verschaffte.

Es war bereits Nachmittag, als mich der Psychiater besuchte und ein Gespräch mit mir anfing. Aber als ich etwas über den Absturz erzählen sollte, brachte ich kein Wort mehr über die Lippen. Das einzige, was ich noch herausbrachte, war, daß ich abgestürzt war. Ich konnte nicht erzählen, was ich durchgemacht hatte. Ich hatte das Gefühl, als würde mich etwas abwürgen. Es ging einfach nicht, und ich sagte: »Ich will allein sein.«

Der Psychiater sagte: »Gut. Wenn Sie nichts dagegen haben, komme ich noch mal vorbei.«

Am Abend kam mein Notarzt und zeigte mir einen Schuh: »Ist das Ihrer?«

»Sie haben tatsächlich nach meinen Sachen gesucht!«
freute ich mich. »Ja, das ist mein Schuh. Haben Sie die anderen Sachen auch gefunden?«

»Leider ist das alles. Das Gestrüpp ist da so dicht, daß
kaum ein Durchkommen war. Außerdem wußte ich gar nicht
genau, wo ich suchen sollte, denn durch den Sturz können Ihre Sachen in sämtliche Himmelsrichtungen verstreut sein.«

Er schaute mich auf einmal ganz komisch an und sagte:
»Ich glaube, Sie sind ein Glückskind.«

»Ja, denn Gott ist gut.«

»Was meinen Sie denn damit?«

»Na, was glauben Sie denn? Denken Sie vielleicht, daß ich
mein Leben einem vierblättrigen Kleeblatt zu verdanken
habe?«

Er lächelte mich an, zog einen Stuhl heran und setzte sich
zu mir ans Bett: »Als ich heute in der Gegend war, wo Sie abgestürzt sind, konnte ich es einfach nicht fassen. Der Sturz
hätte Ihnen sämtliche Knochen zermalmen müssen. Aber
was ich ebenfalls nicht begreifen kann, ist, wie Sie es geschafft haben, mit den Verletzungen bis an die Straße zu
kommen. Da kann man ganz schön ins Grübeln kommen,
nicht wahr?«

»Kann man! Hoffentlich kommt dabei auch was raus«,
sagte ich grinsend.

»Sie glauben an Gott, nicht wahr?«

»Ja, und Sie?«

»Nein.«

»Das glaube ich Ihnen nicht.«

»Na ja. Wenn ich ehrlich bin, weiß ich nicht, an was ich
glaube.«

Wir schauten aus dem Fenster und schwiegen. Nach einer
Weile sagte er: »Kann ich irgend etwas für Sie tun?«

Ich überlegte und sagte: »Es wäre nett, wenn Sie mir ein
paar Postkarten, Briefumschläge, Schreibpapier und Briefmarken kaufen könnten, damit ich wenigstens meinen Eltern und Freunden schreiben kann. Benachrichtigen müssen
Sie niemand, solange ich noch warm bin.«

»Soll ich nicht wenigstens Ihre Eltern anrufen?«

»Damit sie sich unnötig Sorgen machen? Nein!«

Ich wurde auf einmal sehr müde. Der Arzt wünschte mir freundlich eine gute Nacht und ging.

Die folgende Nacht war katastrophal. Ich bekam hohes Fieber und starke Schmerzen im Bein. Der Bereitschaftsarzt war ratlos und sagte: »Eigentlich dürften Sie gar kein Fieber haben, denn Sie haben eine hohe Dosis Antibiotika bekommen.«

»Eigentlich, eigentlich! Wenn ich morgen tot bin, werden Sie wahrscheinlich auch sagen, daß ich eigentlich gar nicht tot sein dürfte«, sagte ich ärgerlich.

»Sie werden morgen nicht tot sein«, sagte er lächelnd.

»Passen Sie auf! Das Fieber muß runter, sonst kriege ich mehr Anfälle. Ich will, daß jetzt etwas getan wird, denn ich habe Angst. Mag sie begründet sein oder nicht. Jedenfalls werde ich mich nicht mit kalten Wadenwickeln zufriedengeben.«

Ich war verzweifelt. Normalerweise bin ich kein ängstlicher Typ, aber wenn man erst vor kurzem dem Tod entkommen ist, kann man schon mal ängstlicher als normal reagieren. Man fürchtet den Tod stärker als sonst und sieht ihn dadurch schneller kommen. Solche Zustände sind nach einem Trauma nicht selten.

»Gut«, sagte der Arzt. »Ich piepe jetzt den Oberarzt an und frage ihn um Rat. Bis gleich.«

Mir blieb die Spucke weg, denn ich dachte, daß ich mich noch mit ihm streiten müßte, bevor er etwas in die Wege leiten würde. Ungefähr eine halbe Stunde später standen er und der Oberarzt vor meinem Bett. Der Oberarzt sagte: »So, wie es aussieht, zeigt das Antibiotikum keine Wirkung. Ich werde Ihnen jetzt ein anderes spritzen. Einen Blick auf das Bein möchte ich auch noch werfen.«

Er nahm den Verband ab und sah sich das Bein an.

»Es hat sich entzündet, oder?« fragte ich.

»Ja, aber das kriegen wir schon hin. Hm! Daß das Antibiotikum nicht anschlagen würde, konnte man ja nicht ah-

157

nen, und so eine große Wunde kann sich dann leicht entzünden.«

Der Oberarzt gab mir erst mal eine Schmerzspritze und trug dem Bereitschaftsarzt auf, die Wunde zu reinigen.

Ich war fürs erste beruhigt, denn es wurde etwas getan. Wer so oft in einem Krankenhaus war wie ich, der weiß, daß der Patient sich häufig selbst kümmern muß, damit auch wirklich etwas passiert.

»So«, sagte der Oberarzt, als er mir das andere Antibiotikum spritzte. »Wir werden Sie jetzt auf die Wachstation schieben. Nur zur Beobachtung. Morgen früh kommen Sie wieder hierher.«

Ich nickte und fragte: »Müssen Sie das Bein wieder aufmachen?«

»Ich hoffe nicht. Aber das kann ich erst morgen sagen.«

»Lieber Gott, mach, daß alles gut wird. Bitte, erspare mir, daß das Bein wieder aufgemacht werden muß. Ich kann nicht mehr«, dachte ich.

Das Bein mußte nicht wieder aufgemacht werden. Am nächsten Morgen ging es mir schon viel besser. Ich hatte sogar einen Riesenhunger und durfte etwas essen. Nun, die französische Küche ist die beste, aber ein französisches Frühstück ist immer noch das erbärmlichste, was ein Mensch zu sich nehmen kann: Kaffee und Weißbrot.

Als die Schwester mir das Frühstück ans Bett stellte, sagte sie gleich: »Wenn Sie das vertragen, bekommen Sie heute ein gutes Mittagessen. Ich lasse Ihnen die Speisekarte hier. Sie können in Ruhe wählen.«

Ich hatte keine Lust, mich mit der Karte zu beschäftigen, und sagte: »Was meinen Sie? Was schmeckt hier besonders gut?«

»Ich würde Ihnen das hier empfehlen!«

»Und was ist das?«

»Lassen Sie sich überraschen«, sagte sie und kreuzte das Menü an.

Ich habe beinahe in jedem Land Europas in einem Krankenhaus gelegen. In den meisten Krankenhäusern steht den Patienten eine reiche Auswahl von Speisen zur Verfügung. Deutschland ist in dieser Beziehung ein Entwicklungsland.

Das Fieber war gefallen, die Ärzte waren erleichtert, und der Oberarzt erklärte mir bei der Visite, was weiter mit mir passieren sollte: »Richten Sie sich jetzt schon mal auf wenigstens drei Wochen ein. Der Gips wird Ihnen wohl erst in Deutschland abgenommen werden. Das Bein müßte in zwei Wochen so weit abgeheilt sein, daß man die ersten Übungen damit versuchen kann. Und damit Sie nicht nach Hause humpeln müssen, werden wir dafür sorgen, daß Sie mit einem Pilgerzug zurückkommen. Die haben immer ein Bett im Zug frei. Ich habe schon unten angerufen und sie gebeten, Bescheid zu geben, wenn die letzten Züge nach Deutschland fahren.«

»Das ist nett, danke.«

»Geht schon in Ordnung. Und? Geht es heute etwas besser?«

»Ja, habe kaum noch Fieber.«

»Hatten Sie Alpträume?«

»Nein.«

»Irgendwelche Fragen?«

»Im Moment nicht.«

»Na, dann machen Sie's erst mal gut.«

Als die Ärzte draußen waren, dachte ich: »Komisch. Mein Bild von Ärzten wird zusehends positiver. Ist ja auch kein Wunder. Erst hatte ich jahrelang schlechte Erfahrungen, und nun mache ich andauernd gute Erfahrungen. Trotzdem eigenartig, nicht wahr, lieber Gott? Möchte mich dafür bedanken.«

Endlich war es soweit: Das Mittagessen wurde serviert. Aber mich traf beinahe der Schlag, als die Schwester die Wärmeabdeckung abhob. Auf meinem Teller lag nebst Gemüse ein vollständiges Gehirn. Jawohl! Mir wurde ein Gehirn serviert, gekocht und mit Zitronenscheiben garniert.

Die Schwester sah mein verzweifeltes Gesicht und sagte: »Aber das ist eine Delikatesse! Haben Sie so was in Deutschland nicht?«

»Nun ja. Viele Leute essen zum Beispiel Brägenwurst, deren Inhalt zum großen Teil auch aus Gehirnmasse besteht. Aber ein vollständiges Gehirn habe ich noch nie serviert bekommen. Auch in anderen Ländern habe ich das noch nie auf einer Speisekarte gesehen, geschweige denn zubereitet, und ich habe schon in vielen Hotels gearbeitet.«

»Möchten Sie etwas anderes?«

»Nein, nein. Ich werde das Ding erst mal in aller Ruhe sezieren. Aber bitte sagen Sie mir noch eines: Ist das Gehirn von einem Schwein, einer Kuh oder – man weiß ja nie – von einer Katze?«

Die Schwester lachte und sagte, daß es von einer Kuh sei. Sie wünschte mir einen guten Appetit, fragte, ob sie mir beim Essen helfen sollte, was ich verneinte, und verließ das Zimmer.

Ich schaute auf den Teller. In meinem Leben hatte ich noch nie ein Gehirn gesehen. Im Fernsehen, auf Fotos hatte ich welche gesehen, aber so, nein. Ich klemmte die Gabel zwischen die Finger meines gebrochenen Armes und schnitt mit der rechten Hand das Gehirn an. Ein paar Augenblicke später hatte ich die Intelligenz der Kuh – Gott hab sie selig – in Scheiben geschnitten. Eine Weile später wurden aus den Scheiben Würfel, die dann, mit Zitronensaft beträufelt, Stück für Stück in meinen Mund wanderten. Es war ein Genuß ohnegleichen. Ehrlich! Wirklich eine Delikatesse.

Die Schwester freute sich, als sie meinen leeren Teller sah, und fragte: »Möchten Sie Wein oder etwas anderes? Ich mußte erst den Arzt fragen, deshalb habe ich Ihnen erst mal Wasser gegeben.«

»Ja, darf ich denn Wein trinken?«

»Der Arzt sagte, daß Ihnen ein Glas nicht schadet, wenn es Ihnen früher auch nichts geschadet hat. Medizinisch ist trotz der Medikamente nichts dagegen einzuwenden. Ich soll Sie nur fragen, ob das Bißchen bei Ihnen Anfälle auslösen kann.«

»Donnerkeil!« sagte ich auf deutsch und dann auf englisch: »Her mit dem Wein!«

Sie lachte und brachte mir eine kleine Flasche Wein.

Ich bedankte mich: »Ich komme mir vor wie in einem Fünf-Sterne-Hotel. Jetzt fehlt nur noch eine Zigarette, und Sie werden mich nicht wieder los.«

»Kein Problem!« sagte sie und verließ den Raum.

Einen Augenblick später kam sie mit dem Stationsarzt herein, und er sagte: »Wenn Sie mir versprechen, nicht ohne Aufsicht zu rauchen, dann lasse ich Ihnen eine Schachtel hier.«

»Das darf doch nicht wahr sein!« jubelte ich.

Der Arzt steckte sich eine an und gab sie mir. Ich zog an der Zigarette, als wäre es meine letzte und nahm noch einen Schluck Wein zu mir. Die beiden lächelten mich an, und der Arzt fragte: »Noch irgendwelche Wünsche?«

Ich überlegte einen Moment und fragte: »Sind Sie verheiratet?«

»Jetzt aber raus hier!« sagte er lachend und ging.

Die Schwester kicherte und sagte: »Sie haben Humor!«

Leben

Das Essen, der Wein, die Zigarette, das alles blieb nicht ohne Wirkung, ich wurde sehr müde. Ich schlief ein und war für einige Stunden so richtig weggetreten. Als ich wieder aufwachte, sah ich ein Mädchen an der Tür stehen.

»Komm doch rein«, sagte ich.

Sie kam zögernd an mein Bett und sagte: »Tu as mal?«

»Nein, nein.«

Das Mädchen war wohl elf, zwölf Jahre alt. Sie war sehr zierlich gebaut und hatte eine Ausstrahlung, die, ja, ich weiß auch nicht genau; irgendwie hatte ich das Verlangen, sie einfach in den Arm zu nehmen und ganz fest zu drücken. Sie schaute mich eine ganze Weile an, staunte über die Infusion, die über meinem Bett hing, begutachtete meinen Arm und das Bein und schüttelte verwundert den Kopf.

»Wie heißt du?« fragte sie nach einer Weile.

»Renate, und du?«

»Françoise.«

»Ein schöner Name«, sagte ich.

»Bis gleich«, sagte sie und ging.

Eine knappe Stunde später kam sie zurück und schenkte mir eine Zeichnung, die mich zum Lachen brachte. Es war eine Karikatur, die mich mit all meinen Verbänden darstellte.

»Hast du das gezeichnet?« fragte ich.

Sie nickte.

»Mädchen, du hast Talent. Die Zeichnung gefällt mir sehr. Danke.«

»Du kannst auch malen, nicht wahr?«

»Ja, aber woher weißt du das?«

»Ich habe es mir gedacht.«

»Hm!« machte ich und schaute sie an.

»Ich möchte auch ein Bild von dir«, sagte sie.

»Ja, gern. Aber im Moment ist das gar nicht so einfach. Die rechte Hand kann ich zwar bewegen, doch es wird trotzdem schwierig zu machen sein.«

Sie nickte verständnisvoll, sagte aber: »Du mußt es trotzdem versuchen.«

»Wenn ich dir damit eine Freude machen kann, gern. Aber ich habe nichts zum Malen hier.«

Sie rannte aus dem Zimmer und kam mit einem Etui voller Stifte und Papier zurück. Bittend schaute sie mich an, und ich versprach: »Gut, ich probiere es. Was willst du gezeichnet haben?«

»Ein Krokodil, das lacht und dabei auf dem Rücken liegt.«

Ich lachte und sagte: »Nun gut. Aber laß mir Zeit.«

Sie nickte und ging zurück in ihr Zimmer. Ich schaute mir noch mal die Zeichnung an. »Eine ungewöhnliche Schrift für eine Zwölfjährige«, dachte ich, als ich ihren Namen unter dem Bild las.

Die Schwester brachte mir eine Tasse Kaffee. Kaum war sie draußen, kam mein Notarzt zur Tür herein. »Hallo«, sagte er. »Wollte nur mal schauen, wie es Ihnen geht.«

»Das ist aber nett. Sie arbeiten nicht auf dieser Station, nicht wahr?«

»Nein«, sagte er. »Darf ich mich zu Ihnen setzen?«
Ich nickte.

Er überreichte mir eine Plastiktüte und sagte: »Das habe ich erst mal für Sie besorgt.«

»Oh! Danke schön!« sagte ich und schaute hinein.

Er hatte mir Schreibpapier, Briefmarken, Umschläge und eine Bibel in deutscher Sprache mitgebracht.

»Wie kommen Sie denn darauf?« fragte ich überrascht.

»Nun«, sagte er. »Als wir uns das letzte Mal unterhalten haben, da habe ich mir gedacht, daß Sie in Ihrem Rucksack bestimmt eine Bibel hatten und Sie die jetzt vermissen.«

»Danke«, sagte ich und lächelte ihn an.

Für einige Augenblicke war es ganz still im Raum. Ich war verlegen und wußte nicht, warum.

»Wie geht es Ihnen? Haben Sie noch Schmerzen?« fragte er.

»Ein bißchen, aber das Schlimmste ist dieses Jucken. Ich könnte mich überall kratzen.«

»Man kann Sie ja wegen der diagonal verlaufenden Verletzungen noch nicht einmal auf die Seite legen. Kein Wunder, daß die Haut verrückt spielt.«

Ich zuckte mit den Achseln, blätterte ein wenig in der Bibel herum und fragte: »Haben Sie schon mal drin gelesen?«

»Ja, aber es ist schon ewig her.«

»Es ist wirklich ein tolles Buch. Wissen Sie, ich bin erst ein knappes Jahr eine Christin und finde es immer noch nicht langweilig. Und Sie? Können Sie sich noch daran erinnern, was Sie gelesen haben?«

»Na ja«, sagte er. »Die Werte, die die Bibel vermittelt und die die Christen glauben, allein zu haben, habe ich und haben viele andere auch. Dazu braucht man nicht an Gott zu glauben.«

»Hm! Ob die Christen glauben, diese Werte allein zu haben, kann ich nicht beurteilen. Aber Sie haben recht: Viele, die nicht an Gott glauben, haben dieselben Werte wie die Christen. Ich glaube jedoch, daß jeder Mensch, der Werte wie Nächstenliebe, Wahrheit und Gerechtigkeit anerkennt, damit Gott anerkennt (wenn auch nicht immer bewußt). Denn diese Werte kommen von Gott. Natürlich kann man die Werte allein hochhalten und trotzdem Gott leugnen, aber wer das tut, steht im Grunde genommen in einem größeren Widerspruch als jene, die Gott leugnen und sich auch nicht um seine Werte scheren.«

»Und was ziehen Sie daraus für Schlüsse?«

»Daß Gott eines Tages von jedem Menschen eine Stellungnahme verlangt, denn niemand kann auf die Dauer auf zwei Hochzeiten tanzen.«

»Das verstehe ich nicht«, sagte er.

»Wie soll ich das erklären? Vielleicht an einem Beispiel. Nehmen wir mal einen Wissenschaftler, der gerade eine sensationelle Entdeckung gemacht hat, die ihm über kurz oder lang endlich den Erfolg bescheren wird, den er in jahrelangen Forschungsarbeiten angestrebt hat. Voller Freude teilt er das seinem Kollegen mit und erzählt ihm, daß er dieses Ergebnis schon bald zur Prüfung vorlegen werde. Doch dazu kommt es nicht, denn sein Kollege kopiert die Arbeit von ihm und gibt das Werk als seines aus, um sich mit fremden Lorbeeren zu schmücken. Nun, ich glaube, daß sein Kollege mehr als wütend auf ihn sein wird, oder?«

Er nickte: »Und weiter?«

»Und jetzt stellen Sie sich mal Gott vor, wenn er immer wieder erleben muß, daß die Menschen seine Werte als ihre eigenen ausgeben. So etwas nenne ich geistigen Diebstahl hoch drei. Die Leute rühmen sich innerlich ›ihrer‹ Gerechtigkeit, ›ihrer‹ Güte usw. und sagen dann noch: ›Wir brauchen keinen Gott, denn die Werte, die die Christen haben, haben wir auch.‹ – Wer so denkt, ist entweder dumm oder arrogant. Denn es gibt nur einen, von dem die Werte tatsächlich stammen, nämlich Gott.«

»Hm!« machte er. »Sie bringen mich jetzt aber wirklich in Verlegenheit.«

»Kann ich daraus schließen, daß Sie eher zu den Dummen als zu den Arroganten gehören?« fragte ich grinsend.

Plötzlich lachte er mich an und sagte: »Ob Sie's glauben oder nicht, ich unterhalte mich gern mit Ihnen.«

»Ich auch«, sagte ich und mußte unweigerlich mitlachen.

Die Tür ging auf, und der Psychiater kam herein. Mein Besuch stand auf und verabschiedete sich. Der Psychiater setzte sich gleich und fragte, wie es mir ginge. Ich zog die Augenbrauen hoch und sagte: »Danke! Aber ich will nicht über den Unfall reden.«

»Das brauchen wir ja auch nicht.«

»Was wollen Sie dann hier?«

»Mich mit Ihnen unterhalten.«

»Warum?«

»Weil ich glaube, daß Sie Hilfe brauchen.«

»Wobei?«

»Nun, Sie hatten ein traumatisches Erlebnis. Ich möchte Ihnen gerne dabei helfen, es zu verarbeiten.«

»Wie?«

»Indem wir reden.«

»Über was?«

»Über was Sie wollen.«

»Hören Sie! Ich verstehe, worauf Sie hinauswollen. Vertrauen aufbauen und all solchen Mumpitz. Man redet über dies und jenes, bis man wieder auf das Eigentliche zurückkommt. Aber ich kann nicht darüber reden, weil es mir den Atem nimmt«, sagte ich sauer.

»Also, das hört sich schon besser an. Sie wollen vielleicht, aber Sie können nicht. Nehmen wir doch einfach mal an, daß Sie es könnten. Was glauben Sie, würde dann passieren?«

Ich mußte schlucken und versuchte, meine Tränen zu unterdrücken.

»Sie würden weinen, nicht wahr?«

Ich starrte gegen die Decke, spürte die Tränen übers Gesicht laufen und versuchte nicht mehr, sie zurückzuhalten.

»Das wird Ihnen nur guttun«, sagte er.

Ich hörte mich schluchzen und konnte mich gar nicht mehr beruhigen. Der Psychiater drückte meine Hand, und ich zog sie nicht weg. Nach einer Weile sagte ich: »Ich habe in den Bergen wirklich geglaubt, daß ich sterben muß.«

Er nickte: »Vom Oberarzt weiß ich, daß daran auch nicht mehr viel gefehlt hat. Der Blutverlust war groß. Es muß eine Tortur für Sie gewesen sein, mit den Verletzungen bis zur Straße zu robben.«

»Ja, es hat sehr wehgetan«, sagte ich.

»Aber jetzt wird alles wieder gut«, sagte er.

»Ja, hoffentlich«, sagte ich.

»So richtig können Sie das noch nicht glauben, nicht wahr?«

»Na ja, eigentlich spricht ja nichts dagegen«, sagte ich.

»Dennoch haben Sie Bedenken, oder?«

Ich nickte und fragte: »Verstehen Sie das?«

»Ich glaube ja. Sie trauen dem Frieden nicht ganz. Sie haben verdammt hart ums Überleben gekämpft. Aber gerade deshalb haben Sie Angst, es wieder zu verlieren, und diese

Todesangst sitzt Ihnen im Nacken. Eigentlich ist das eine ganz normale Reaktion, aber das Problem dabei ist, daß es sehr, sehr lange dauern kann, wieder Vertrauen zum Leben zu bekommen, wenn man nicht darüber redet.«

»Hm! Wissen Sie, es ist nicht das erste Mal, daß ich mit dem Tod konfrontiert wurde, und ich weiß, es braucht Zeit, um wieder normal leben zu können. Diesmal aber ist es anders.«

»Was ist denn anders?«

»Ich habe plötzlich ein ganz schreckliches Bild vom Tod. Wissen Sie, ich glaube an Gott und habe immer gedacht, daß der Tod nur eine Folge von Sünde ist. Aber für mich ist er viel mehr. Durch den Absturz ist mir klar geworden, daß der Tod eine Person ist.«

»Wie bitte?!« fragte er erschrocken.

»Ich weiß, Sie denken jetzt wahrscheinlich, daß ich meinen Verstand verloren habe. Aber noch nie in meinem Leben habe ich so deutlich zu spüren bekommen, was der Tod noch alles ist. Gott ist Leben, und der Teufel ist der Tod.«

Der Mann schaute mich mit einem sehr besorgten Gesicht an und sagte: »Ich glaube, Sie leiden unter einem schweren Schock.«

»Mag sein, aber was ich erlebt habe, habe ich erlebt. Sie wollten, daß wir reden. Nun, ich habe Ihnen etwas erzählt. Wenn Sie mir helfen wollen, dann brauchen Sie gar nicht zu versuchen, mir das auszureden, was ich über den Tod denke. Für mich ist es wahr, aber ich weiß nicht, wie ich mit diesem Gedanken weiterleben kann.«

Der Psychiater wußte wohl nicht, was er darauf antworten sollte. Er schien ratlos.

»Wir kriegen das schon wieder hin«, sagte er nach einer Weile und verabschiedete sich erst mal.

»Lieber Gott«, dachte ich. »Was ist nur mit mir los? Auf der einen Seite bin ich dankbar, daß du mich gerettet hast. Auf der anderen Seite schaudert's mich, wenn ich daran denke, was der Tod bedeuten könnte, wenn dein Sohn ihn nicht überwunden hätte. Was ich aber nicht verstehen kann, ist, warum der Tod seinen Schrecken nicht verliert, wenn ich an dich glaube? Warum habe ich so eine erbärmliche Angst davor?

Wenn ich ehrlich bin, dann wäre es mir ganz recht, wenn du für immer da oben bliebst und ich hier unten. Hauptsache, du bist da. Ich will nicht sterben. Ich will auch nicht verwesen. Die letzten Tage mußte ich immer wieder daran denken: Tod ist Dunkelheit, Kälte, Ausgelöschtsein und Verwesung.

Mag sein, daß das kindisch ist, aber mir graut es, wenn ich daran denke, daß mein Körper eines Tages verwesen muß. Ich mag meinen Körper und will den *und* meine Seele behalten. Komisch ist nur, daß ich in den Bergen an so was gar nicht gedacht habe. Stehe ich wirklich noch unter Schock, wie der Psychiater glaubt? Wird wirklich alles wieder gut? Du hast mein Leben gerettet. Nun sorge bitte auch dafür, daß ich es wieder unbeschwert angehen kann. Dein Sohn hat den Tod überwunden. Bitte, laß mich das wieder spüren.«

Ich schlug die Bibel auf, die mir der Arzt geschenkt hatte, und blätterte etwas hilflos darin herum. Irgendwann fand ich den Psalm 116, und als ich Vers 7 las, fühlte ich mich persönlich angesprochen: »Sei nun wieder zufrieden, meine Seele; denn der Herr tut dir Gutes.« Dieser Vers war wirklich Balsam für mich.

»Ja«, dachte ich zufrieden. »Was kümmert mich mein Tod und die Verwesung meines Körpers? Wenn es mir auch Angst macht, du hast den Tod und die Angst überwunden, Jesus. Das muß reichen. Mein Gott, was wäre ich ohne dich?!«

Die folgenden Tage ging es kontinuierlich aufwärts. Françoise, das Mädchen, brachte ihre Eltern und Geschwister mit in mein Zimmer, denn ich lag dort ganz allein neben einem leeren Bett. Natürlich hatte ich ihr das auf dem Rücken liegende, lachende Krokodil gezeichnet. Die ganze Familie lachte über das Bild. Die Eltern von Françoise ließen sich nicht davon abhalten, mir ein paar neue Kleidungsstücke zu kaufen, weil ich in den Bergen alles verloren hatte. Wenn sie mich besuchten, hatten wir immer viel Spaß miteinander.

Mein Notarzt kam fast jeden Tag vorbei, und wir redeten über Gott und die Welt. Jedenfalls hatte mich das Leben bald richtig wieder, was ich nicht zuletzt den netten Leuten um mich herum verdankte. Gott hatte mich Stück für Stück wieder ans Leben herangeführt und nahm mir die Todesangst. Ich fühlte mich sehr in ihm geborgen. Es war, als würde Gott täglich dafür sorgen, daß alles Unangenehme, wie Angst, Depressionen und schlimme Gedanken, die so ein Unfall häufig verursacht, von mir ferngehalten wurde.

Beinahe drei Wochen später kam der große Tag: Bei der Visite teilte man mir mit, daß die ersten Übungen mit meinem Bein anstanden. Kaum waren die Ärzte draußen, kam ein langaufgeschossener Mann mit geschlossenen Augen ins Zimmer und sagte auf englisch: »Guten Tag, Frau Kauffmann. Mein Name ist P., ich bin Ihr Bewegungstherapeut. Wir werden jetzt ein paar Übungen machen. Zuerst werde ich Ihre Beinmuskulatur aktivieren. Nach ein paar Tagen sind Sie dann soweit, mit mir ein paar Gehübungen zu machen.«

Ich war total verdattert und sagte: »Entschuldigen Sie bitte.«

»Ja?«

»Sind Sie blind?«

»Ja.«

»Das darf doch nicht wahr sein!« dachte ich. »Ein Blinder und ein Epileptiker. Befinde ich mich hier in einem Comic-Strip oder wo?«

Ich dachte natürlich gleich an das Gleichnis im Neuen Testament, in dem Jesus beschrieb, was passiert, wenn ein Blinder einen Blinden führt. Dabei sah ich keinen großen Unterschied, ob ein Blinder einen Blinden oder einen Epileptiker führt, der noch dazu sein Bein kaum bewegen kann.

»Bitte nehmen Sie mir das nicht übel, was ich jetzt sage. Aber wie kann ich Ihnen vertrauen? Sie sind blind, ich kann mich kaum bewegen und habe außerdem Epilepsie.«

»Ich weiß«, sagte er lächelnd. »Und ich finde es gut, daß Sie das so offen sagen. Viele Patienten sagen nämlich nichts und sind dann bei den Übungen total verkrampft, weil sie mir nicht vertrauen und Angst haben. Aber glauben Sie mir: Ich verstehe etwas von meinem Job!«

»Wie lange machen Sie das denn schon?«

»Über zehn Jahre.«

»Nun gut. Das überzeugt mich fast. Aber nur fast. Ich bezweifle ja nicht Ihre Fähigkeiten, aber ich befürchte, daß Sie mir nicht helfen können, wenn ich bei den Gehversuchen einen Anfall bekommen sollte. Trotzdem: Wir können es ja erst mal miteinander versuchen.«

»Schön«, sagte er. »Fangen wir gleich an.«

Er holte sich einen Stuhl und stellte ihn an die rechte Seite meines Bettes. Seine Bewegungen waren dabei so flüssig, so sicher, daß ich schon etwas mehr Vertrauen hatte. Er setzte sich, zog die Bettdecke weg und sagte: »Zuerst wollen wir mal ein paar Beuge- und Streckübungen machen. Winkeln Sie Ihr Bein so weit an, wie es geht. Am besten ist es, wenn Ihre Fußsohle direkt auf der Matratze steht.«

»Scherzbold!« sagte ich nur und versuchte mein Bein anzuwinkeln. Währenddessen legte er eine Hand auf den Ober- und die andere an meinen Unterschenkel.

»Gut«, sagte er, als ich die beschriebene Aktion versuchte. »Aber ich spüre, daß Sie viel zu verkrampft sind. Versuchen Sie, locker zu bleiben, dann tut es auch nicht so weh.«

Ich befolgte seinen Rat, und es ging tatsächlich besser. Etliche Male wiederholten wir die Übung, bis ich nicht mehr konnte und sagte: »Schluß für heute.«

»Ich bestimme, wann wir aufhören«, sagte er.

Ich stöhnte und riß mich zusammen. Er verlangte mir noch einige Übungen ab, bis auch er der Meinung war, daß es genug war, und sagte: »Morgen können wir die ersten

170

Gehversuche machen. Meinen Sie, Sie können mir dabei Vertrauen entgegenbringen?«

»Keine Sorge! Sie haben mich überzeugt.«

»Na, dann bis morgen«, sagte er lächelnd.

Als er gegangen war, dachte ich: »Ich kann mir nicht vorstellen, daß dieser Mann so etwas in Deutschland tun könnte.«

Am Nachmittag kam mich wieder mein Notarzt besuchen und brachte Eiscreme mit.

»Mmh«, machte ich. »Das sieht aber lecker aus.«

Wir schleckten unser Eis, und dabei sagte er: »Ich habe gestern etwas Interessantes in der Bibel gelesen.«

»Donnerkeil! Sie lesen die Bibel?« sagte ich überrascht.

»Neuerdings«, sagte er lächelnd.

»Und?«

»Nun ja, ich habe im Matthäus-Evangelium gelesen. Als ich bei der Kreuzigung war, war ich doch sehr erschüttert. ›Mein Gott, mein Gott, warum hast du mich verlassen?!‹ schrie Jesus, bevor er starb.«

»Hm! Das hat mich auch lange Zeit beschäftigt«, sagte ich.

»Und? Haben Sie eine Antwort darauf?«

»Na ja. Zuerst habe ich gedacht, daß Jesus nur geglaubt hat, daß sein Vater ihn verlassen hätte, denn der Gedanke liegt bei den Qualen, die er zu erleiden hatte, ja nahe, nicht wahr? Wenn man im Leid keinen Trost erfährt und nur noch den Tod auf sich zukommen sieht, fühlt man sich nicht selten gottverlassen, eben verdammt einsam und allein, obwohl Gott trotzdem da ist. Inzwischen glaube ich, daß das bei Jesus anders war, daß Gott Jesus tatsächlich verlassen hat, wenn auch nur für eine kurze Zeit.«

»Aber warum?« fragte er ein bißchen heftig.

»Ich glaube, daß Gott das tun mußte. Jesus war ohne Sünde, starb aber für unsere Sünden. Er opferte sich für die Welt, nahm am Kreuz alle Sünden auf sich. Ich denke, daß das Kreuz der springende Punkt ist. Am Kreuz hing Jesus und damit die Sünden der ganzen Welt. Jesus hatte sie alle auf sich genommen, was den Tod bedeutet und Gottverlassenheit. Gott mußte Jesus für eine kurze Zeit verlassen, mußte sich von ihm abwenden, weil er erstens mit der Sünde nichts zu schaffen hat, da er sie haßt, und zweitens ihr durch die Abwendung von Jesus den Tod brachte. Die zeitweilige Trennung Jesu von seinem Vater war nötig, damit die Sünde mit ihm sterben konnte, denn Gott ist Leben, und die Sünde ist der Tod.«

»Hm«, machte er. »Aber ist Jesus dann nicht wie ein Verfluchter gestorben?«

»Ja, genau. Das ist ja auch das Paradoxe an der ganzen Sache. Weil Jesus wie ein Verfluchter starb, sind wir gerettet, wenn wir dieses Opfer anerkennen. Sagen Sie selbst: Ist das nicht Liebe?!«

Er schaute mich an und sagte: »Ja, wenn man dran glauben kann.«

»Können Sie dran glauben?«

»Ich möchte schon, aber es fällt mir schwer.«

»Dann bitten Sie den lieben Gott doch, daß er es Ihnen ein bißchen leichter macht«, schlug ich vor.

Er lächelte und nickte.

Der Nachmittag verging wie im Fluge. Wir unterhielten uns noch über viele Dinge, die den Glauben betrafen, und freuten uns daran.

Die folgenden Tage machte der blinde Therapeut mit mir Gehübungen, und ich staunte nicht schlecht, was er alles »sah«: »Sie verlagern Ihr Gewicht zu sehr auf das gesunde Bein. Heben Sie Ihr krankes Bein richtig hoch!« usw.

Bei den Gehversuchen faßte er mich nur am rechten Oberarm an und war so in der Lage, jeden klitzekleinen Haltungsfehler zu registrieren. Ich hatte vollstes Vertrauen zu ihm.

Der Tag meiner Entlassung rückte näher, und der Oberarzt sagte mir, daß ein Priester vorbeikommen werde, der noch ein paar Worte mit mir reden wollte, bevor er mich in seinem Pilgerzug mitnahm.

Der Priester kam dann auch, und das erste, was er sagte,

war nicht guten Tag, sondern: »Das haben wir gerne! Erst wie ein Hippie durch die Gegend ziehen und dann nicht wissen, wie man wieder nach Hause kommt. Es ist doch immer das gleiche: Plötzlich ist die Kirche wieder gut genug, wenn man nicht mehr weiter weiß. Nun ja, wir haben noch ein Bett frei.«

Ich kochte vor Wut und sagte: »Ich will Ihnen mal was sagen: Fahren Sie mit Ihrem Pilgerzug sonstwohin! Aber ohne mich! Eher krieche ich nach Hause, bevor ich Ihre Hilfe in Anspruch nehme.«

Er schaute mich entsetzt an und verließ das Krankenzimmer, ohne ein Wort zu sagen.

Ungefähr eine halbe Stunde später kam der Oberarzt rein und fragte: »Was war los?«

Ich erzählte ihm, wie unverschämt und gemein ich die Äußerungen des Priesters fand und daß ich nicht im Traum daran dachte, seine Hilfe anzunehmen.

Der Oberarzt nickte: »Kann ich verstehen. Ich lasse noch mal unten anrufen und nachfragen, wann der nächste Pilgerzug nach Deutschland fährt. Gott sei Dank war das noch nicht der letzte Zug. Machen Sie sich keine Sorgen. Irgendwie werden wir Sie schon sicher nach Hause bringen.«

»Danke«, sagte ich erleichtert.

Am nächsten Tag kam Françoise mit ihren Eltern zu mir, um sich zu verabschieden. Sie durfte endlich nach Hause.

»Kommst du auch bald nach Hause?« fragte sie.

»Ich denke, in den nächsten Tagen.«

Sie gab mir einen Zettel mit ihrer Adresse und sagte: »Schreib mir mal.«

Ich nickte, und Françoise küßte mich. Auch die Eltern verabschiedeten sich, und wir waren alle ein bißchen traurig.

Am Abend kam noch mal mein Notarzt vorbei und hatte ein riesiges Paket unterm Arm.

»Ist das für mich?« fragte ich staunend.

»Mein Abschiedsgeschenk«, sagte er.

»Wieso? Sehen wir uns denn heute das letzte Mal?« fragte ich traurig.

»Ja«, sagte er.

Ich mußte schlucken.

»Nun, wollen Sie nicht aufmachen?« fragte er.

Ich packte das Paket aus und traute meinen Augen nicht. Ein nagelneuer Rucksack lag darin. Ein Superding! Mann, was habe ich mich darüber gefreut!

Er sah mich an und sagte: »Schön, daß er Ihnen gefällt. Ich habe mir halt gedacht, das ist eine der wichtigsten Sachen, die Sie brauchen, wenn Sie so oft unterwegs sind. Ihren Rucksack hat der Berg ja nicht mehr hergeben wollen.«

Verstohlen wischte ich mir ein paar Tränen aus dem Gesicht. Dann saßen wir für eine Weile schweigend da, bis ich sagte: »Ich habe mich sehr über Ihre Besuche gefreut.«

»Und ich bin gern zu Ihnen gekommen. Ich habe mich nicht nur mit Ihnen wohlgefühlt, sondern mir auch vorgenommen, es mal mit Gott zu versuchen.«

Ich konnte nichts sagen, ich freute mich zu sehr.

»Ich werde Sie vermissen«, sagte er.

»Sie werden mir auch fehlen«, sagte ich.

Er schaute mich an, ich schaute ihn an, er lächelte und sagte: »Wenn Sie nicht so verdammt jung wären, wenn die Umstände nur etwas anders wären, dann würde ich . . .«

»Ich weiß«, unterbrach ich ihn. »Ich weiß. Und wenn Sie nicht so verdammt alt wären, wenn die Umstände nur etwas anders wären, dann würde ich auch.«

Er lächelte, sagte nichts mehr. Wir saßen lange Zeit einfach nur so da, bis wir uns noch ein paar Dinge erzählen mußten und er mich schließlich fragte: »Darf ich Sie zum Abschied küssen?«

Ich mußte grinsen und sagte: »Habe mal gehört, daß die Franzosen das besonders gut können.«

Er lachte und meinte schelmisch: »Das stimmt ja auch.«

»Es ist noch gar nicht so lange her, da hätte ich meinen Kopf darauf verwettet, daß ein Arzt das letzte sein würde, was ich küssen würde«, erzählte ich ihm.

»Wieso das denn?« fragte er neugierig.

»Ich konnte Ärzte gar nicht leiden, weil ich so furchtbar schlechte Erfahrungen mit ihnen gemacht habe.«

»Und jetzt können Sie sie wieder leiden?«

Ich nickte: »Weil ich die letzte Zeit nur gute Erfahrungen mit ihnen gemacht habe. Zu Hause habe ich eine neue Ärztin, die auch ganz anders ist als die vielen arroganten Pinkel, die ich vor ihr kennengelernt habe.«

Er lachte: »Ja, in dieser Berufsgruppe gibt es deren viele, aber ich habe auch ein paar nette unter ihnen gefunden. Es gibt tatsächlich Ausnahmen.«

»Habe ich gemerkt. Die Ärzte, die mich hier behandelten, waren alle sehr, sehr nett.«

Ein paar Minuten später stand er auf und sagte: »Ich muß jetzt gehen. Morgen fahre ich zu einer Fortbildung und komme erst in einer Woche zurück. Aber dann sind Sie nicht mehr hier.«

Ich sagte nichts, schaute ihn nur an und nickte. Wir küßten uns, und als er aus dem Zimmer war, liefen mir ein paar Tränen übers Gesicht.

Einen Tag später stellte sich ein anderer Priester bei mir vor. Er war sehr nett, sagte, daß sie noch einen Liegeplatz im Zug frei hätten und dafür sorgen würden, daß ich wohlbehalten zu Hause ankäme. Dann setzte er sich noch ein Weilchen zu mir und erzählte, daß er jedes Jahr nach Lourdes käme und diesmal mit einer Gruppe Rheumakranker hier sei.

Nach ein paar Tagen war es dann endlich soweit. Das Personal half mir beim Packen und schenkte mir zum Abschied noch ein Paar Schuhe.

»Ihr wart und seid wirklich toll!« sagte ich, und sie lächelten mich alle an.

Eine Schwester half mir beim Anziehen, und dann brachten mich zwei Krankenpfleger zum Bahnhof. Ich war froh, daß ich nun alle Abschiedsszenen hinter mir hatte. Die Pfleger halfen mir noch in den Liegewagen hinein und legten mich aufs Bett. Eine Viertelstunde später begann der Zug zu rollen.

Amsterdam

Es dauerte lange, bis ich mich von meinem Absturz in den Pyrenäen richtig erholt hatte. In Deutschland mußte ich wegen meines Beines noch eine wochenlange Nachbehandlung über mich ergehen lassen. Die restlichen zwei Monate des Jahres wollte ich dann auch zu Hause bleiben, damit ich erst mal zur Besinnung kam. Obwohl das vergangene Jahr ganz schön gewesen war, merkte ich doch, daß es mich sehr angestrengt hatte.

Es war Ende November, als ich mich wieder so richtig fit fühlte. Ich las gerade ein Buch, da klingelte das Telefon. Gudni, meine Freundin aus Amsterdam, war am Apparat und bat mich, sie so schnell wie möglich zu besuchen. Sie war ziemlich fertig, das konnte ich an ihrer Stimme hören.

»Trampe sofort los«, sagte ich und holte meinen Minirucksack hervor.

Die Uhr schlug gerade halb zwölf nachts, als ich das Haus verließ. Auf der Autobahn war nicht viel Betrieb, und ich dachte: »Lieber Gott, jetzt brauche ich ausnahmsweise mal einen Porsche, und wenn es geht, sofort.«

Ich kann mir gut vorstellen, daß einige Leser jetzt denken, ich erzähle ein Märchen, aber es war tatsächlich so: Kaum hatte ich mir einen Porsche gewünscht, hielt auch schon einer an. Mich überraschte das keineswegs, denn diese Art von Gebetserhörung war ich gewohnt. In Gedanken sprach ich meinen Dank aus und stieg ein. Im Wagen saß eine junge Frau und fragte: »Wo möchten Sie denn hin?«

»Nach Amsterdam.«

»Glück gehabt! Ich fahre bis zur holländischen Grenze.«

»Sehr gut«, sagte ich nur und lehnte mich zufrieden zurück.

Die junge Frau hatte ein derartiges Tempo drauf, daß einem richtig mulmig werden konnte. Ich dachte, daß ich mehr flog als fuhr. Normalerweise gefällt mir das gar nicht, aber diesmal konnte es gar nicht schnell genug gehen, denn ich machte mir große Sorgen um Gudni.

»Was machen Sie mitten in der Nacht auf der Autobahn?«

»Ich will jemanden in Amsterdam besuchen. Und was machen Sie hier?«

»Porsche fahren.«

»Ist das Ihr Ernst?«

»Ja, denn wann hat man sonst die Gelegenheit, so einen Wagen mal richtig auszufahren?«

Ich zog die Augenbrauen hoch und verkniff mir lieber jegliche Bemerkung. Diese Art von Kamikaze-Fahrern mochte ich gar nicht, aber jetzt brauchte ich sie dringend.

Nach einer Weile sagte ich: »Sie scheinen noch sehr jung zu sein (ich schätzte sie auf höchstens zweiundzwanzig). Wie kann man sich in diesem Alter so einen Wagen leisten?«

»Indem man erbt«, antwortete sie.

»Hm«, machte ich nur und schloß die Augen.

Ein paar Augenblicke später fühlte ich eine Hand auf meinem Knie. Ich dachte mir nichts dabei, glaubte, sie hätte sich vertan, und zog mein Bein einfach mehr an das andere heran. Sekunden später fühlte ich wieder ihre Hand auf meinem Knie, was mich diesmal etwas skeptischer werden ließ. Ich dachte: »Lieber Gott, spinne ich?! Was macht die Frau mit meinem Knie? Und wenn du mir schon einen Porsche vorbeischickst, konntest du nicht auch noch darauf achten, wer dieses Ding fährt?«

Ich stöhnte verzweifelt auf, was aber leider von der Frau falsch interpretiert wurde und sie dazu veranlaßte, mit ihrer Hand auf Wanderschaft zu gehen. Blitzschnell packte ich ihr Handgelenk und führte ihre Hand ans Lenkrad zurück. »Tut mir leid. Aber ich bin nicht von der Sorte«, sagte ich dann.

»Woher willst du das denn wissen?« säuselte sie.

»O Gott, tu mir das nicht an«, dachte ich abermals verzweifelt.

»Hast du denn schon mal mit einer Frau?« hauchte sie.

Ich antwortete nicht, denn irgendwie war mir das alles zu blöd.

»Wenn du es mit mir machst, dann fahre ich dich bis nach Amsterdam. Wenn nicht, dann habe ich keine Skrupel, dich mitten auf der Autobahn rauszuschmeißen.«

Ich mußte lachen. So was erlebt man auch nicht alle Tage! Da ist man erst froh, daß alles nach Wunsch verläuft, freut sich noch, daß man mitten in der Nacht von einer Frau mitgenommen wird, die einem nicht gefährlich werden kann, und dann wird man von ihr begrabscht.

»Lieber Gott«, dachte ich. »Sieht fast so aus, als ob ich noch mal umsteigen muß.«

»Ich sage dir, es wird dir bestimmt gefallen«, hauchte sie weiter.

Ich konnte es immer noch nicht glauben. Daß manche Männer die Dreistigkeit besaßen, einen sexuell zu belästigen, war mir nicht neu. Aber daß eine Frau ebenso dreist sein kann, fand ich wirklich sehr ungewöhnlich. Wenn ich nicht so dringend zu Gudni gemußt hätte, dann hätte ich diese Frau damals ganz anders abgefertigt.

»Gut«, sagte ich nach einer Weile. »Ich war schon immer für neue Dinge aufgeschlossen. Nur müssen wir vorher noch etwas essen, denn ich habe seit gestern mittag nichts mehr zwischen die Kiemen bekommen, und mit leerem Magen läuft bei mir gar nichts.«

»An der nächsten Raststätte halten wir an«, sagte sie beinahe zärtlich, und genau das wollte ich natürlich erreichen, denn hätte sie mich mitten auf der Autobahn rausgeschmissen, dann wäre ich nie rechtzeitig zu Gudni gekommen.

Endlich erreichten wir eine Raststätte. Wir gingen hinein. Doch das einzige, was man zu dieser Zeit zu essen bekommen konnte, war Bockwurst mit Brot.

»Zwei, bitte«, sagte ich.

Die junge Frau bestellte sich noch einen Kaffee und bezahlte dann alles zusammen. Wir waren die einzigen Gäste, was mir ein wenig Sorgen machte.

»Lieber Gott«, dachte ich. »Was soll jetzt werden? Jetzt bist du wieder am Zug.«

Die Bockwürste waren ausgezeichnet für so eine stinknormale Raststätte. Als ich mit dem Essen fertig war, sagte ich: »So, hier trennen sich unsere Wege. Auf Wiedersehen!«

Sie schaute mich an und sagte: »Du weißt, das ist verrückt. Du wirst diese Nacht nicht mehr wegkommen, wenn du mir nicht diesen ›kleinen Gefallen‹ tust.«

»Hau ab!« sagte ich nun schon sauer.

Sie warf mir einen giftigen Blick zu, ging dann aber. Als ich sah, wie sie mit ihrem Porsche davonfuhr, stand ich auf und verließ ebenfalls die Raststätte.

Mutterseelenallein stand ich nun da, wußte nicht, was ich machen sollte, und schaute mich beinahe hilflos um. Einige Lkws, in denen die Fahrer ihre Nachtruhe hielten, standen unbeleuchtet auf dem Platz. Da war nichts zu machen.

Ich ging bis zur Ausfahrt und setzte mich erst mal auf den Boden. Plötzlich mußte ich weinen, denn ich glaubte nicht, daß ich in dieser Nacht noch wegkam.

Auf einmal spürte ich eine Hand auf meiner Schulter. Ich drehte mich um und sah Jochen hinter mir stehen.

»Renate«, sagte er leise. »Was machst du denn hier?«

»Ach Jochen! Dich schickt der Himmel! Kannst du mich nach Amsterdam bringen? Gudni braucht mich«, sagte ich schluchzend.

»Komm«, sagte er nur, und wir gingen zu seinem Lkw. Jochen war Lkw-Fahrer, und ich war oft mit ihm unterwegs gewesen.

Als ich mich wieder beruhigt hatte, sagte Jochen: »Du hast Glück gehabt. Ich habe hier geschlafen und bin dann plötzlich aufgewacht, weil ich mal pinkeln mußte. Sonst hätte ich dich nie entdeckt.«

»Schön«, sagte ich. »Kannst du mich denn nach Amsterdam fahren?«

»Das tue ich doch gerade.«

Eine Ewigkeit wechselten wir kein Wort miteinander, bis Jochen sagte: »Du, mit Gudni geht das nicht so weiter. Sie muß da raus, sonst gehst du genauso kaputt wie sie. Wir müssen langsam was unternehmen.«

»Ja«, sagte ich müde, »das müssen wir, aber wie?«

»Also, ich würde mitmachen.«

»Wobei?«

»Sie rausholen, was denn sonst?«

»Zuerst einmal muß sie das auch wollen, Jochen. Sie hat aber soviel Angst, daß sie sich das kaum trauen wird.«

»Vielleicht hat sie nur deshalb Angst, weil sie glaubt, daß ihr beide ganz allein damit dasteht. Zwei Frauen gegen den Rest der Welt! Da würde ich auch lieber in meiner Absteige bleiben, wenn ich Gudni wäre. Keine Chance! Aber wenn wir die Sache gemeinsam anpacken, ich meine, wenn Hans und Michael mitmachen, dann könnten wir es schaffen, ohne daß ihr auch nur ein Haar gekrümmt wird.«

»Hm!« machte ich und überlegte.

»Jetzt fahren wir erst mal hin, und du guckst, was los ist. Danach können wir weiterreden. Erzähl ihr ruhig, daß wenigstens drei Männer darauf warten, ihrem Zuhälter ein paar in die Schnauze zu hauen.«

Ich stöhnte: »Auf diese Art wird es, wenn überhaupt, garantiert nicht ablaufen. Die einzige Möglichkeit wäre, sie draußen abzupassen, wenn sie auf Kundschaft wartet.«

»Na bitte! Endlich kommst du in die Gänge und überlegst, wie wir es schaffen könnten. Sag mal, dieser Piet, der ist doch bei der Polizei, oder? Würde der nicht auch mitmachen? So, wie du ihn mir geschildert hast, sollte man das doch annehmen, oder?«

»Hm«, machte ich abermals.

»Hast du ihren Zuhälter schon mal kennengelernt?«

»Gott sei Dank nicht. Gudni hat mir aber erzählt, daß er ganz brutal ist. Vor dem zittern alle!«

»Das wollen wir doch mal sehen«, sagte Jochen lächelnd.

»Du, nimm das nicht auf die leichte Schulter. Diese Leute schrecken vor nichts zurück. Es handelt sich hier nicht um einen kleinen Dorfstrich. Wenn ein Zuhälter dieses Kalibers einfach seine Nutten laufen läßt, verliert er vor den anderen den Respekt, und sie machen dann mit ihm, was sie wollen. Die spaßen nicht, Jochen.«

»Du hast Angst, nicht wahr?«

»Und wie! Aber falls sie tatsächlich da raus will, dann müssen wir uns allerdings was einfallen lassen. Wo mußt du eigentlich jetzt hin?«

»Ich war auf dem Weg nach England. Aber kein Problem. Das regel ich schon. Mache halt einen kleinen Umweg.«

»Wenn ich dich nicht hätte«, sagte ich.

Wir kamen am frühen Morgen in Amsterdam an.

Jochen sagte: »Ich warte bis elf Uhr auf dich. Du weißt, in dem Café.«

»In Ordnung.«

»Wenn du nicht kommst, gehe ich davon aus, daß du mal wieder in Schwierigkeiten bist, und rufe die Polizei.«

»Was heißt mal wieder?« fragte ich grinsend.

Wenn ich ehrlich bin: Ich hatte eine panische Angst, als ich zu Gudni ging. Irgendwie spürte ich, daß etwas außer der Reihe passierte oder bereits passiert war. Ich hatte Angst um sie und um mich. Zuerst schaute ich nach, ob sie an ihrem Platz stand, was um diese Zeit mehr als unwahrscheinlich war. Als ich merkte, daß sie nicht da war, ging ich pochenden Herzens zu ihrer Absteige und hangelte mich wieder am Abflußrohr hoch. Vorsichtig lugte ich durchs Fenster und sah Gudni auf dem Bett liegen. Leise klopfte ich an die Scheibe. Sie schaute in meine Richtung und stand auf, um mich reinzulassen.

»Mein Gott, Gudni!« sagte ich nur und mußte schlucken. Gudni hatte ein blaues Auge, aufgesprungene Lippen und ein ganz geschwollenes Gesicht. Wir schauten uns nur an. Ich kämpfte mit den Tränen, doch es half nichts.

»Du weinst ja«, sagte sie. »Renate, du weinst.«

»Ja«, sagte ich leise. »Seit einem Jahr kommen mir leicht die Tränen.«

Gudni nahm mich in die Arme und drückte mich.

»Mein Gott, was haben sie mit dir gemacht?« sagte ich.

Gudni ließ mich loß und legte sich wieder aufs Bett. Nun fing sie auch an zu weinen. Ich hielt ihre Hand und dachte: »Diese Schweine!«

»Ich wollte abhauen«, sagte sie. »Ich wollte zu dir, aber ich kam keine zwei Straßen weit. Es war furchtbar, Renate.«

»Ist gut, Gudni. Sag jetzt nichts. Ich werde dich noch heute mit nach Hause nehmen.«

»Nein«, sagte sie. »Das mache ich nicht noch mal mit. Renate, ich fühlte mich so schrecklich allein. Ich wollte mal mit jemandem reden.«

»Gudni, du wirst immer allein bleiben, wenn du nicht den Absprung schaffst. Ich habe viel gebetet und denke plötzlich, daß Gott nun geantwortet hat.«

»Gott?«

»Ach ja! Das weißt du ja gar nicht. Du meine Güte! Dann haben wir uns über ein Jahr nicht gesehen. Ich habe meinen Glauben an Gott gefunden, Gudni.«

»Das ist schön, Renate. Ich habe immer gewußt, daß es einen Gott gibt.«

»Wirklich?«

»Ja, und ohne ihn hätte ich das alles hier nicht durchgestanden. Ich habe immer gehofft, daß er mir hier mal raushilft. Aber nachdem sie mich so zusammengeschlagen haben, ist alle Hoffnung gestorben.«

»Nein, Gudni! Paß jetzt mal auf. Ein paar Straßen weiter wartet ein Freund von mir. Ich könnte jetzt zu ihm gehen und besprechen, wie wir das hier machen. Komm, Gudni! Versuch es noch einmal. Jetzt oder nie!«

Komisch. Plötzlich hatte ich gar keine Angst mehr. Auf einmal wurde mir klar, daß Gott mit uns war und alles gut werden würde. Gudni schwieg. Doch nach einer halben Ewigkeit sagte sie: »Man wird uns zu Krüppeln schlagen, wenn das schiefgeht. Oh, wie ich ihn hasse!«

»Das dürfen wir nicht, Gudni. Wir dürfen nicht hassen, wenn wir an Gott glauben. Ich verstehe zwar, was in dir vorgeht, und ich bin auch stinksauer. Aber ich kann sie nicht hassen. Ich befürchte jedoch, daß dich der Haß über kurz oder lang zerfressen wird, wenn du nicht bald hier rauskommst. Los, Gudni! Dein Zuhälter glaubt doch sicher nicht, daß du es so kurz danach noch einmal versuchst, oder?«

»Nein, der ist jetzt ziemlich sicher. Hat mir sogar ein paar Tage Schonzeit gegeben. Solange, bis ich wieder attraktiv genug aussehe. Wirklich gnädig!«

»Bitte, sag ja.«

Gudni nickte und sagte: »Geh zu deinem Freund und besprich alles.«

Das ließ ich mir nicht zweimal sagen. Ich drückte ihr einen Kuß auf die Stirn und sagte: »Wir finden einen Weg, Gudni.«

Ich verließ die Absteige und rannte zum Café.

»Mein Gott, du zitterst ja«, sagte Jochen.

»Ja? Auch gut! Du, paß auf! Wir müssen Gudni noch heute da rausholen.«

»Das ist unmöglich, Renate. Heute ist das unmöglich. Ich kann mit meiner Ladung nicht noch einmal die Grenze passieren. Meine Fracht geht nach England. Wir haben sowieso schon Glück gehabt, daß wir nach Holland fahren konnten.«

»Hm«, machte ich und überlegte. »Gut, dann versuche ich, Piet zu erreichen. Vielleicht kann der mir helfen. Hast du Kleingeld? Ich muß mal telefonieren.«

Piet war nicht im Dienst, und so rief ich ihn zu Hause an. Als ich ihn endlich an der Strippe hatte, erzählte ich ihm alles. Dann sollte ich einen Moment warten, denn er wollte das mit seiner Frau besprechen.

»Gut«, sagte er. »Ich habe eine Idee. Du gehst mit deinem Freund zu Gudni, holst sie dort raus und gehst sofort zur Polizei. Das müßtet ihr eigentlich schaffen. Ich hole euch dann dort ab. Hast du alles verstanden?«

»Ja«, sagte ich.

»Du gehst aber nicht allein, klar? Ich rufe jetzt gleich meine Kollegen an, damit sie unauffällig die paar Straßen beobachten können. Falls ihr Schwierigkeiten bekommt, werden sie dann zur Stelle sein. Also los jetzt! Und viel Glück!«

Ich erklärte Jochen, was ablaufen sollte, und er stöhnte: »Was habe ich nur verbrochen?«

Ich lächelte. Minuten später standen wir vor Gudnis Absteige, und ich sagte: »Du wartest hier. Gudni kommt zuerst runter. Fang sie auf, falls sie fällt. Im Klettern ist sie, glaube ich, nicht so geübt.«

Abermals stöhnte Jochen, und ich kletterte zu Gudni hoch. Gudni saß auf dem Bett.

»Los, Gudni! Alles gebongt. Wir brauchen nur ein paar Straßen weit zu gehen. Nur ein paar Straßen, hast du gehört?«

»Und dann?«

»Wirst schon sehen. Los, wir haben keine Zeit zu verlieren. Noch ist alles in Butter, aber das kann sich schnell ändern.«

Gudni zögerte einen Moment. Doch dann kletterte sie aus ihrem Zimmer, und man konnte meinen, daß sie das jeden Tag gemacht hätte. Ich hatte kaum die Füße auf dem Boden, da rannten wir los. Nachdem wir die Hälfte des Weges bereits hinter uns hatten, sahen wir eine Zivilstreife. Gudni blieb vor Angst stehen, weil sie dachte, daß das Männer von ihrem Zuhälter waren. Doch die beiden nickten uns ermutigend zu. Alles klar! Piet wartete schon vor dem Eingang der Polizeistation, so daß wir gleich in seinen Wagen einsteigen konnten.

»Hat euch jemand gesehen?« fragte er.

»Ich glaube, nur deine Kollegen«, sagte ich.

Piet gab sofort Gas und brachte Jochen erst mal zu seinem Lkw. Als Jochen in seinem Führerhaus war, zeigte er uns noch mal lachend seinen hochgestreckten Daumen und fuhr los.

»Puh!« dachte ich. »Dem kann jetzt auch nichts mehr passieren.«

Gudni

Wir sprachen kein Wort, als Piet uns zu sich nach Hause fuhr. Er setzte uns mehr oder weniger nur ab, denn er mußte gleich zum Dienst. Gudni starrte nur vor sich hin und war leichenblaß im Gesicht. Sie konnte das alles wohl noch nicht glauben. Wir saßen wie betäubt im Wohnzimmer. Mir war ganz übel von der Aufregung geworden, und ich mußte mich für ein paar Augenblicke hinlegen. Piets Frau setzte sich zu uns und sagte: »Macht euch keine Sorgen. Niemand weiß, wo ihr seid.«

Nun fing Gudni an zu weinen, doch ich hatte keine Kraft mehr, sie zu trösten. Nach einer Weile hatte sie sich wieder beruhigt und sagte zu Piets Frau: »Ich heiße Gudni. Vielen Dank, daß wir hier sein dürfen.«

»Keine Ursache! Sie sind uns willkommen. Ich freue mich, Sie beide mal kennenzulernen. Von Ihnen, Renate, hat mir Piet schon einiges erzählt.«

»O nein! Aber haben Sie keine Angst, ich klaue nicht mehr.«

Sie schmunzelte und meinte: »Das glaube ich Ihnen gern. Aber wollen wir uns nicht duzen? Ich heiße Beatrix.«

Wir nickten. Beatrix machte uns einen Kaffee und während sie das tat, schien der Schock sich bei Gudni zu lösen.

»Renate, ich bin frei«, sagte sie leise.

»Ja«, sagte ich und wischte mir schnell ein paar Tränen fort.

»Du weinst ja schon wieder. Wie kommt das?«

»Ich weiß nicht«, sagte ich, und dann heulte ich richtig los. »Meine Güte«, sagte ich nach einer Weile. »Aus mir ist eine richtige Heulsuse geworden.«

»Schön, schön«, sagte Gudni lächelnd.

Nach dem Kaffee kam der Hunger, und Beatrix machte uns ein paar belegte Brote. Während wir aßen, lachte Gudni sogar wieder und sagte: »Soviel auf einmal habe ich in meinem ganzen Leben nicht gegessen.«

Der Tag mit Beatrix verging mit Heulen, Essen, wieder Heulen, Duschen und immer wieder Heulen. Es war kaum noch zum Aushalten, wir waren anscheinend total durchgedreht. Wir hatten uns erst wieder einigermaßen beruhigt, als Piet von der Arbeit nach Hause kam.

Das Abendbrot stand schon auf dem Tisch, doch bevor wir anfingen zu essen, fragte ich: »Macht es euch was aus, wenn ich mal bete? Mir ist so danach.«

»Nein, Renate. Wir würden uns sogar darüber freuen«, sagte Piet.

»Lieber Gott, ich möchte dir danken. Man könnte fast glauben, es wäre gar nichts passiert. Wir sitzen hier und können uns wieder freuen. Danke, daß du alles so gut gemacht hast. Danke, daß Piet und Beatrix uns geholfen haben, und daß sie uns willkommen heißen. Danke, daß du Jochen zu mir geschickt hast. Lieber Gott, ich weiß gar nicht, wie ich dir danken kann. Ich bin unendlich glücklich. Amen.«

»Amen«, sagten auch die anderen.

Piet schaute Gudni an und fragte: »Darf ich Ihnen auch das Du anbieten, Gudni?«

»Gern«, sagte sie.

»Wie geht es dir jetzt? Dein Gesicht ist noch ganz geschwollen. Meinst du, daß du einen Arzt brauchst?« fragte Piet.

»Nein, nein. Es sieht zwar noch schlimm aus, aber mir geht es ganz gut. Ich komme nur seelisch noch nicht ganz mit. Ich meine, irgendwie kommt mir das alles wie ein Traum vor. Ich kann mich auch noch gar nicht so richtig freuen.«

»Hast du noch Angst?« fragte Piet.

»Ja, sehr!«

»Das brauchst du aber nicht. Du bist hier wirklich in Sicherheit, und wenn du erst mal in Deutschland bist, wird alles viel besser. Beatrix und ich fahren euch am Wochenende rüber, denn den Zug solltet ihr lieber noch nicht nehmen. Bei dir zu Hause wird doch niemand Gudni vermuten, Renate, oder?«

»Nein, bestimmt nicht.«

»Du bist in Sicherheit, Gudni. Das kannst du getrost glauben. Dein Zuhälter ist uns natürlich bekannt, und ich weiß, daß er keine Kontakte nach Deutschland hat. Mein Gott, was würde ich darum geben, den hinter Gittern zu sehen!« sagte Piet.

Auf einmal fragte Gudni: »Warum tut ihr das alles?«

Piet lächelte und sagte: »Nun, Renate hat mir mal von dir erzählt. Von deinem Sohn, den sie dir weggenommen haben und daß du deshalb noch mehr abgesackt bist. Sie hat mir auch gesagt, daß du ihr immer geholfen hast, wenn du konntest. Ja, und letztendlich hat Renate eine Art, einem die Pistole auf die Brust zu setzen, daß man einfach nicht nein sagen kann.«

»Nun mach aber mal halblang«, protestierte ich. »Ich habe dich höflich gefragt, ob du uns helfen kannst.«

Beatrix und Piet schütteten sich aus vor Lachen.

Gudni schaute mich an, zog die Augenbrauen hoch und fragte: »Wirklich höflich?!«

»Na ja«, sagte ich und wurde rot. »Es ging alles so schnell. Da hat man halt keine Zeit, um den heißen Brei herumzureden.«

Ich fing richtig an zu glühen, worüber sich nun alle drei halbtot lachten. Piet prustete: »Eigentlich paßt das gar nicht zu dir, Renate.«

»Was?«

»Das Rotwerden.«

»Blödmann«, sagte ich und grinste.

Die folgenden zwei Tage lebten wir richtig auf. Obwohl Gudni und ich uns nicht vor die Haustür trauten, fühlten wir uns pudelwohl. Beatrix schenkte Gudni einen ganzen Koffer voller Kleidung, denn sie hatte ja nichts weiter als das, was sie anhatte.

Am Wochenende fuhren die beiden uns dann nach Hause.

»Ich weiß gar nicht, wie ich euch danken soll«, sagte Gudni, als wir uns verabschieden mußten.

»Da gibt es nichts zu danken. Fang ein neues Leben an. Das ist dann Dank genug«, sagte Beatrix.

Als die beiden gegangen waren, sagte Gudni: »Und was machen wir nun?«

»Keine Ahnung«, sagte ich lächelnd.

»Hm«, machte sie.

»Wie wär's mit fernsehen«, schlug ich vor.

Gudni lachte und sagte: »Ich weiß gar nicht mehr, wie das geht.«

»Also paß auf! Zuerst einmal schaltest du das Ding ein. Ein Fernseher braucht nämlich Strom, verstehst du? Der Strom kommt aus dieser Buchse da. Ich erkläre dir später, wie man Strom erzeugt. Wenn du das Ding eingeschaltet hast, dann hast du die Qual der Wahl. Ein Fernseher hat nämlich mehrere Programme, verstehst du? Siehst du das Bild? Das ist zum Beispiel ein Programm, und wenn du das nicht sehen magst, dann kannst du . . .«

Weiter kam ich nicht. Sie schubste mich aufs Bett und sagte kichernd: »Du bist eine richtig freche Hexe.«

Ich lachte und sagte: »Und morgen zeige ich dir, wie man einen Herd benutzt.«

Die Tage darauf erzählte ich Gudni, wie ich zu Gott gefunden hatte. Sie fing an, die Bibel zu lesen, und dankte Gott, daß sie nun endlich frei war. Natürlich sprach sie die Erzählung von Jesus und der Ehebrecherin besonders an, und sie sagte: »Was für ein Mann!«

Sie war so beeindruckt von seiner Güte und Barmherzigkeit, daß sie nichts Eiligeres zu tun hatte, als sich zu bekehren. Gudni hatte wenige Fragen und schon gar keine Skepsis. Sie glaubte jedes Wort, das in der Bibel stand. Vergebung! Dieses Wort entfachte in Gudni ein Feuer, wie ich es nie zuvor erlebt hatte.

»Ich glaube, daß mir Gott in einer Nacht besonders nahe war«, sagte sie einmal.

»Erzähl!«

»Es war einer dieser naßkalten Novembertage«, erzählte sie. »Der Nebel hatte sich wie ein zäher Brei über Amsterdam ausgebreitet, und ein Kunde hatte gerade meine Absteige verlassen. Er war kaum ins Freie getreten, da bildete ich mir ein, daß der Nebel ihn verschluckt hatte. Ich schaute aus dem Fenster, sah, wie der Nebel den Freier auffraß, und empfand für einen Augenblick Genugtuung. Ich preßte die Stirn gegen die kalte, dünne Fensterscheibe, bis die Kälte meiner Haut wehtat. Da zog ich die Stirn zurück, und meine Gedanken gingen in eine Zeit, in der ich noch jung und auch ohne Make-up hübsch und attraktiv war. Was hatte ich damals noch für Pläne! Alle zerplatzt!

Ich dachte plötzlich an meine Eltern, die nicht wußten, wo ich mich aufhielt, was ich tat, und ob ich überhaupt noch lebte. ›Gott, vergib mir‹ flehte ich damals. Ich ging zum Spiegel, die Tränen liefen mir die Wangen hinunter und zogen kleine Rinnsale durch mein geschminktes Gesicht. Nie werde ich diese Nacht vergessen, Renate. ›Gott, vergib mir‹, flehte ich immer wieder. Dann wusch ich mein Gesicht und legte ein wenig mehr Rouge auf. Gleich würde der nächste Kunde kommen, der Nebel würde ihn ausspukken, um ihn hinterher wieder zu verschlingen.

Als die Tür aufging, kam ein sehr junger Mann herein. Nein, es war kein Mann, es war ein Junge, ein Kind. Ich schaute ihn an und fragte: ›Wie alt bist du?‹

›Vierzehn, aber es ist alles in Ordnung. Mein Vater hat bezahlt‹, sagte er schüchtern.

›Dein Vater?‹

›Ja‹, sagte der Junge und wurde rot. Er schaute verschämt auf den Boden und sagte: ›Damit ich mich nicht bei meiner Freundin blamiere, soll ich es hier lernen.‹

›Mein Gott‹, dachte ich. ›Das darf doch nicht wahr sein.‹ Ich schaute ihn an und sagte: ›Hast du denn schon eine Freundin?‹

Der Junge schüttelte den Kopf.

›Hier lernst du gar nichts, Junge! Liebe und Zärtlichkeiten bekommst du hier nicht. In einem Bordell gibt es so was nicht.‹

›Mein Vater hat aber schon bezahlt!‹

›Dann hat er eben Pech gehabt. Geh nach Hause. Ich kann dir nichts beibringen‹, sagte ich wütend.

›Das geht nicht. Mein Vater wird toben, wenn ich herauskomme, ohne es getan zu haben.‹

›Dann warte noch. Setz dich und erzähl mir etwas.‹

Der Junge setzte sich und schien sichtlich erleichtert. Wie sehr hatte er sich vor diesem Tag gefürchtet. Die unzähligen schlaflosen Nächte, die quälenden Gedanken hatten ihn richtig zermürbt. Er erzählte mir, daß sein Vater sich bereits Sorgen um ihn machte, weil er sich noch nicht für Mädchen interessierte, und weil er so schüchtern war. Einmal hatte er ihn sogar gefragt, ob er schwul sei. Renate, das sagt ein Vater zu seinem vierzehnjährigen Sohn!

Ich schaute den Jungen an und sagte: ›Mach dir keine Sorgen. Du bist schon in Ordnung. Das Mädchen, das dich liebt, wird dich niemals auslachen. Ihr werdet beide gemeinsam lernen, wie man sich körperlich lieben kann. Höre nicht auf deinen Vater, wenn du mal ein glücklicher Mann werden willst.‹

Das Kind schaute mich mit großen Augen an und konnte nichts sagen. Es zeigte mir nur ein dankbares Gesicht. Es spürte, daß ich es gut mit ihm meinte.

Die Zeit war um. Ich lächelte den Jungen an und sagte: ›Mach es gut, Junge.‹

Als er gegangen war, schaute ich aus dem Fenster und sah, wie der Vater seinen Jungen in Empfang nahm. Sie gingen gemeinsam die Straße hinunter, und ich fragte mich, was der Junge seinem Vater wohl erzählte. In dieser Nacht hatte ich das Gefühl, daß Gott mir ganz nah war. Kannst du das verstehen?«

Gudnis Geschichte berührte mich sehr, und ich konnte lange Zeit nichts sagen.

So langsam wurde es Zeit, sich mal Gedanken darüber zu machen, wie es mit Gudni weitergehen sollte. Wir waren in dieser Beziehung beide ziemlich ratlos.

»Sag mal, wie lange hast du deine Eltern nicht mehr gesehen?«

»Über fünfzehn Jahre«, sagte sie und fing an zu weinen.

»Würdest du sie nicht gerne wiedersehen?«

»Ja, ich würde viel darum geben«, schluchzte sie. »Aber ich schäme mich so, Renate. Ich weiß auch gar nicht, ob sie mich sehen wollen.«

»Ich kann mir gut vorstellen, daß sie nichts weiter tun werden, als dich in die Arme zu schließen. Ruf sie doch einfach mal an!«

»Meinst du?«

»Na ja, dann werden sie dir schon sagen, ob sie dich wiedersehen wollen.«

»Ich trau mich nicht.«

»Hm! Da kann man halt nichts machen. Nur denke ich, daß deine Eltern dir vielleicht besser weiterhelfen könnten, als ich es kann. Du brauchst Arbeit, eine Zukunft, eben ein Leben mit Aufgaben. Ich weiß nicht, wie ich dir das beschaffen kann, Gudni.«

Sie schaute mich an und sagte: »Vielleicht hast du recht. Ich sehne mich sehr nach meinen Eltern, doch ich habe große Angst davor, daß sie mich vielleicht gar nicht mehr wollen.«

»Wir können ja dafür beten«, sagte ich.

Gesagt, getan. Wir beteten und baten Gott um Verständnis bei ihren Eltern, und daß sie sich auf Gudni freuten. Gleich danach griff Gudni zitternd zum Telefon. Mein Gott, war sie aufgeregt!

»Ich bin's, Gudni«, sagte sie ein paar Augenblicke später.

Schweigen. Dann Tränen, und sie sagte: »Mutti, darf ich euch mal besuchen?«

Ich verließ die Wohnung und machte erst mal einen ausgedehnten Spaziergang. Als ich wieder zurückkam, umarmte mich Gudni und sagte: »Sie kommen und holen uns ab, Renate. Sie sind nicht böse, nein. Sie sind glücklich. Ich habe ihnen alles erzählt, doch sie haben mich noch lieb. Kannst du dir das vorstellen?«

Ich freute mich mit ihr, sagte aber: »Ich komme nicht mit, Gudni. Ein anderes Mal, aber nicht jetzt.«

»Das kannst du doch nicht machen, Renate. Meine Eltern wollen dich auch sehen, denn schließlich haben sie es dir zu verdanken, daß ich jetzt hier bin.«

»Nein, Gott haben sie das zu verdanken. Ich denke, daß ihr erst mal allein sein solltet. Ich kann ja in ein paar Tagen nachkommen.«

Gudni stöhnte und sagte: »Nun gut. Aber das mußt du dann auch wirklich tun.«

Gudni zog erst mal zu ihren Eltern und lebte über ein Jahr bei ihnen. Ihre Eltern hatten schon gedacht, daß sie nicht mehr lebte. Kein Wunder, wenn man sich über fünfzehn Jahre nicht blicken läßt!

Ihre Eltern verhalfen Gudni zu einem kleinen Blumengeschäft, und das führt sie heute noch.

Weihnachten feierte ich mit meinen Eltern. Die meiste Zeit lag ich wie Garfield auf dem Sofa – faul und gefräßig. So was muß schließlich auch mal sein.

Als ich wieder zu Hause war, begann ich, das vergangene Jahr zu verarbeiten, indem ich darüber nachdachte und schrieb. Es war ein Jahr voller Ereignisse und mein erstes Jahr mit Gott gewesen. Für mich war dieses Jahr etwas ganz Besonderes, denn ich fühlte mich trotz der turbulenten Ereignisse fast immer in Gott geborgen. So richtig bewußt wurde mir das erst jetzt, als ich endlich zur Ruhe kam.

Eigentlich hätte ich ja ganz zufrieden sein können, aber eines Abends fragte ich mich, ob es nicht noch viel mehr zu erleben gab – wenn man liest, was alles so in der Bibel steht.